servir
revue adventiste de théologie

SERVIR - *Revue adventiste de théologie*, est la revue de la Faculté adventiste de théologie de Collonges-sous-Salève (France). Elle touche l'ensemble des domaines de la théologie.

Même si globalement la teneur des articles est soutenue par le Comité scientifique et la Faculté adventiste de théologie, les positions défendues dans les articles n'engagent que leurs auteurs.

Tout article peut être proposé à la rédaction. Merci d'envoyer votre manuscrit par courriel à secretariat.fat@campusadventiste.edu. Il sera considéré par le Comité scientifique.

Directeur de la publication : Gabriel Monet

Comité scientifique : Roland Meyer (président), Rivan Dos Santos, Marcel Ladislas, Luca Marulli, Gabriel Monet, Jean-Luc Rolland.

Secrétaire de rédaction : Chantal Zehnacker

Correspondants : Jacques Doukhan (Amérique du Nord), Patrick Etoughé Anani (Afrique), Sully Payet (Océan Indien), Roger Tetuanui (Pacifique).

Tarifs et abonnements
Prix de vente du numéro : 7 €
Prix de l'abonnement (deux numéros par an, frais de port compris) :
    Pour l'Europe et Dom-Tom : 14 €
    Pour le reste du monde : 18 €

Pour s'abonner, merci de remplir le formulaire prévu à cet effet sur la page dédiée du site Internet du Campus adventiste du Salève : www.campusadventiste.edu. L'abonnement peut être réglé par carte bancaire directement sur le site, ou à défaut par chèque à l'adresse de la faculté. Pour toute question ou renseignement à propos de l'abonnement : secretariat.fat@campusadventiste.edu.

© 2018, Faculté adventiste de théologie
33 chemin du Pérouzet, 74160 Collonges-sous-Salève
Imprimé par Books on Demand GmbH, Nordestedt, Allemagne

ISBN : 9782911358524
ISSN : 2606-1805

Dépôt légal : décembre 2018

Une foi en mouvement

Gabriel Monet[1]

Croire met en route et vivre sa foi est tout sauf immobilisme. Déjà les patriarches n'ont eu de cesse d'être en mouvement, et pas seulement parce qu'ils vivaient dans un contexte de nomadisme. C'est par la foi qu'Abraham quitte son pays pour découvrir des horizons nouveaux, géographiques mais aussi existentiels et spirituels. Moïse et le peuple d'Israël ont mis à l'épreuve leur confiance en Dieu tout au long de leur pèlerinage vers la terre promise. A l'époque des prophètes, c'est Esaïe qui relaie la parole de Dieu affirmant : « Elargis l'espace de ta tente » (Es 54.2), comme pour encourager à l'élan et à l'ouverture même si ce n'est pas incompatible avec le fait d'être bien ancré dans son identité : « Tes piquets, fais-les tenir ».

Jésus lui-même n'a cessé d'être en mouvement, affirmant même qu'il n'avait « pas un lieu où il puisse reposer sa tête » (Lc 9.58). Ses pérégrinations incessantes pour aller de lieu en lieu illustraient son désir de faire bouger les lignes de pensée et de pratiques plutôt figées des religieux de son temps. Détail significatif, lorsque Jésus guérit un paralytique (Mc 2.1-12), le faisant passer de la position allongée, sur son brancard, à la position debout et en marche, le texte précise que les scribes qui discutent et s'indignent demeurent « assis », dans un entre-deux qui illustre leur incapacité à discerner les nouveaux horizons spirituels que Jésus est justement en train de leur proposer. Ceux qui, par contre, se sont laissé interpeler et ont reconnu Jésus comme leur Seigneur et Sauveur sont appelés « disciples », c'est-à-dire « ceux qui sont en marche à la suite du maître » ; ou encore « apôtres » : littéralement, « ceux qui sont envoyés » et c'est donc chemin faisant qu'ils ont pu vivre leur mission de prêcher la bonne nouvelle et d'implanter la foi chrétienne.

---

[1] Gabriel Monet, docteur en théologie, est professeur de théologie pratique et doyen de la Faculté adventiste de théologie de Collonges-sous-Salève (France).

Les mandats missionnaires de Jésus insistent systématiquement sur cette dynamique du mouvement. Dans Matthieu 28.16-20, l'invitation à faire des disciples, en enseignant et en baptisant, ne peut se faire que s'il y a déplacement. A noter que l'impératif concerne ici uniquement le verbe « faire des disciples » (contrairement à la majorité des traductions françaises) et que le verbe « aller » est un participe. C'est donc « étant allés » qu'hier comme aujourd'hui nous pouvons relever le défi de faire des disciples. La mise en route, le déplacement, le mouvement... sont premiers et doivent déjà avoir eu lieu pour que le discipulat puisse se vivre. Jésus le confirme par ailleurs : « Comme le père m'a envoyé, moi aussi je vous envoie » (Jn 20.21). Quant au privilège d'être des « témoins », il pousse au mouvement, à partager de manière centrifuge (de Jérusalem jusqu'au extrémités de la terre en passant par la Judée et la Samarie, Ac 1.8). Paul résume tout cela fort bien en exacerbant l'idée de marche au travers de l'image de la course : « Oubliant le chemin parcouru et tout tendu en avant, je m'élance vers le but, en vue du prix attaché à l'appel d'en haut que Dieu nous adresse en Jésus Christ » (Ph 3.13-14).

La foi est donc clairement une dynamique, une marche, un cheminement. D'ailleurs, il est bon de se rappeler que les pionniers adventistes appréciaient de se considérer comme un « mouvement ». Il est certes important d'apprécier les valeurs du passé et de valoriser les vérités intemporelles, mais il n'en est pas moins essentiel de sans cesse être en évolution, en réformation, de ne pas figer le cadre de nos conceptions et croyances ni notre vécu spirituel ou ecclésial afin de se laisser surprendre par un Dieu qui nous invite à le chercher sans relâche, de se laisser émerveiller par l'exemple du Christ qui a tracé le chemin, et de se laisser pousser par le vent rafraichissant de l'Esprit.

Ce numéro de Servir - Revue adventiste de théologie témoigne à plusieurs égards de l'importance passée, présente et future de laisser la dynamique de la foi nous mettre en mouvement. Cela implique de vivre pleinement la notion de liberté, et de s'autoriser le droit à la singularité. Cela doit probablement aussi avoir toujours pour visée l'authenticité spirituelle plutôt que le formalisme religieux, car la finalité de la foi est bien de l'ordre de la relation avec Dieu et avec tous. Or Dieu se révèle de bien des manières, il nous parle et nous inspire au travers de nombreux canaux. Que chacun puisse discerner cette voix divine et prohétique qui nous mène sur la voie du Seigneur afin de pouvoir sans cesse « marcher en nouveauté de vie » (Rm 6.4).

70 ans sont passés, et depuis...
La Déclaration universelle des droits de l'homme et son article 18

John Graz[1]

« Toute personne a droit à la liberté de pensée, de conscience et de religion ; ce droit implique la liberté de changer de religion ou de conviction ainsi que la liberté de manifester sa religion ou sa conviction seule ou en commun, tant en public qu'en privé, par l'enseignement, les pratiques, le culte et l'accomplissement des rites. »

Déclaration universelle des droits de l'homme, article 18.

Paris, 10 décembre 1948. L'Assemblée générale des Nations Unies, réunie au Palais de Chaillot, au cours de sa 3e session, conclut un débat qui fera date dans l'histoire. A 15 heures, le Secrétaire général appelle au vote. Les 58 pays membres de l'ONU adoptent la Déclaration universelle des droits de l'homme (DUDH). 48 Etats votent « pour », 8 Etats s'abstiennent (les pays du bloc soviétique, l'Afrique du Sud, qui refuse le droit à l'égalité devant la loi, et l'Arabie Saoudite, qui conteste l'égalité homme-femme). 2 Etats sont sans représentants ce jour-là. La DUDH est votée sans opposition[2].

Les mots ne manquent pas pour qualifier ce document historique qui donnait à la nouvelle organisation des Nations Unies à la fois un objectif et une vision : consolider la paix et la justice en se fondant sur la dignité de chaque être

---

[1] John Graz, docteur en histoire, est directeur du Centre international pour la liberté religieuse et les affaires publiques du Campus adventiste du Salève (Collonges-sous-Salève, France). Il a été directeur mondial du département des communications et des affaires publiques de l'Eglise adventiste de 1995 à 2015 et également Secrétaire général de l'AIDLR.
[2] Cf. www.un.org/fr/universal-declaration-human-rights et www.ohchr.org/en/udhr.

humain. La DUDH va non seulement inspirer les gouvernements mais également devenir une référence, voire un modèle pour les futures conventions.

C'est « un acte historique destiné à consolider la paix et la justice dans le monde grâce à la contribution de l'ONU ». Depuis près de 60 ans, « la DUDH est devenue la pierre angulaire du droit international et tous les gouvernements se sont désormais engagés pour appliquer ses principes[3]. »

Une référence directe lui est faite dans la constitution d'un certain nombre de pays et dans les conventions internationales. « Des dizaines de traités internationaux juridiquement contraignants reposent sur les principes énoncés dans la DUDH et le document a été cité pour justifier de nombreuses actions des Nations Unies[4]. »

J'étais à Washington D.C. en 1998 ; j'occupais depuis 1995 la fonction de Secrétaire général de l'*International Religious Liberty Association* (IRLA). Il m'avait alors semblé tout à fait approprié d'organiser une soirée pour célébrer le 50e anniversaire de la DUDH, en présence des représentants des Nations Unies et des institutions américaines. De retour en Europe, je suis heureux de pouvoir célébrer le 70e anniversaire au cours de deux évènements. L'un à Neuilly, le 13 octobre 2018, et l'autre sur le Campus adventiste du Salève, à Collonges, le 8 décembre de la même année en présence des représentants des Nations Unies. Durant mes vingt années à la tête de l'IRLA, j'ai constamment fait référence à la DUDH et tout spécialement à son article 18, dans mes discours, mes interventions, et mes rencontres avec les autorités. L'influence de ce document exceptionnel n'est plus à démontrer. Il est toutefois utile de rappeler son histoire et son héritage. C'est le souhait de cet article[5].

Un long combat pour la dignité humaine

Comme on peut l'imaginer, une telle déclaration n'a pas été formulée et rédigée en un jour. Elle est le résultat d'un long combat pour la dignité humaine et l'héritière d'un certain nombre de traités, de codes, de déclarations issues de cultures, de traditions et de religions différentes, comme par exemple :

- ✓ Le code d' Hammourabi de Babylone ;
- ✓ Les dix Commandements ;

---

[3] National Coordinating Committee for ADHERE 50, « Questions and Answers », Franklin and Eleanor Roosevelt Institute, p. 1.
[4] *Ibid.*, p. 2. Cf. Pierre Lanarès, *La liberté religieuse dans les conventions internationales et dans le droit public général*, Roanne, Editions ED. Horvath, 1964.
[5] Cf. John Graz, *Issues of Faith & Freedom*, PARL, GC SDA, Silver Spring, 2008, p. 58-68. Cet article est une traduction adaptée de l'article : « The Universal Declaration of Human Rights ».

- ✓ Le Cylindre de Cyrus (533 av. J-C) ;
- ✓ La Magna Carta (1215-1225) ;
- ✓ Le statut de la Virginie pour la liberté religieuse (1786) ;
- ✓ La Déclaration des droits des Etats-Unis (1788) ;
- ✓ La Déclaration française des droits de l'homme et du citoyen (1789) ;
- ✓ Les écrits de Baruch Spinoza, John Locke, Jean-Jacques Rousseau et bien d'autres encore[6].

Ces documents reconnaissent la place de l'individu dans la communauté et affirment que ses droits doivent y être protégés.

On ne pourrait conclure cette liste sans faire référence à l'influence qu'exerça le président Franklin D. Roosevelt. Le 6 janvier 1941, dans son discours sur l'Etat de l'Union, il énonça quatre libertés fondamentales : la liberté d'expression ; la liberté de religion ; la liberté de vivre à l'abri du besoin ; la liberté de la peur. Ces quatre libertés se retrouvent dans la Charte de l'Atlantique déclarée par Winston Churchill et le Président américain en août de la même année. Elles furent une source d'inspiration pour les rédacteurs de la Déclaration des Nations Unies du 1er janvier 1942 et bien sûr de la DUDH adoptée six années plus tard[7].

Un document exceptionnel

Pour la première fois dans l'histoire, des hommes et des femmes d'origines et de cultures différentes ont travaillé ensemble afin de formuler des droits humains universels. Ce qui en soit est déjà un évènement remarquable.

Ceux qui ont assisté aux débats du Conseil des Droits de l'Homme, ces dernières années, savent qu'il serait très difficile de voter un document équivalent aujourd'hui.

En 1948, le monde était encore sous le choc des atrocités de la Seconde Guerre mondiale. Les images et les souvenirs des camps de concentration, les rapports des actes horribles commis par les nazis contre les juifs, les gitans et d'autres – ce que Winston Churchill appelait « un crime sans nom[8] » – ont convaincu les gens de bonne volonté de se donner des instruments légaux pour protéger la paix et la liberté.

---

[6] Tad Stahnke, Paul Martin (éd.), *Religion and Human Rights: Basic Documents*, New York, Center for the Study of Human Rights, Columbia University, 1998, p. 2.
[7] Cf. www.fdrlibrary.org/four-freedoms : Franklin Roosevelt, « Freedom's Speech », 1941 speech before the US Congress.
[8] Tad Stahnke, Paul Martin (éd.), *op. cit.*, p. 3.

Malheureusement, en 1948, le monde était à nouveau divisé en deux blocs et la guerre froide commençait. Le situation internationale n'aida pas les rédacteurs de la Déclaration. Il fallut près de trois ans pour parvenir à un accord.

Par exemple, au sein de la Troisième Commission de l'Assemblée générale des Nations Unies, 85 réunions ont eu lieu, avec un total de 1 400 votes séparés sur diverses questions concernant sa rédaction[9].

Dans cet historique, une mention toute spéciale doit être faite pour honorer Eleanor Roosevelt, élue présidente de la Commission des droits de l'homme des Nations Unies. C'est elle qui fut choisie pour rédiger un projet de déclaration. Son pragmatisme politique fut décisif. La participation de René Cassin qui représentait la France fut importante dans la rédaction finale. De son côté, l'Eglise adventiste était représentée à San Francisco par le Dr Jean Nussbaum. Ses bonnes relations avec Eleanor Roosevelt lui permirent de suivre toutes les étapes de rédaction de la DUDH. Son activité en faveur de la liberté religieuse avait commencé avant la Seconde Guerre mondiale, à l'époque de la Société des Nations où il se fit connaître en s'opposant à la réforme du calendrier. Le 25 novembre 1946, le Comité de la Conférence générale des Eglises adventistes du septième jour, lui avait déjà rendu un vibrant hommage[10].

Le lendemain du vote, le 11 décembre 1948, dans un grand enthousiasme, l'Assemblée générale demanda que la Commission des droits de l'homme prépare un projet de convention sur ces mêmes droits et un projet de contrôle pour sa mise en œuvre. Ce n'était qu'un début.

Une nouvelle page dans l'histoire du monde était ouverte. Pour beaucoup, le vote de l'Assemblée générale de l'ONU marquait l'avènement d'un monde nouveau. Ce monde n'était plus le rêve de quelques idéalistes mais par la volonté des nations, le jour viendrait où l'être humain ne serait plus persécuté pour ses convictions politiques, philosophiques ou religieuses.

La Déclaration universelle

La DUDH comprend un préambule et 30 articles. Le préambule insiste sur la dignité inhérente de chaque être humain, l'égalité des droits et le rôle des Etats de les protéger. Je cite :

---

[9] En 1945, la conférence de San Francisco proposa de rédiger une déclaration sur les droits essentiels de l'homme une année plus tard. La Commission préparatoire des Nations Unies recommanda que le Conseil économique et social mette sur pied une commission pour la promotion des droits de l'homme. C'est ainsi que fut mise sur pied une commission des droits de l'homme.
[10] Dr Jean Nussbaum, « Co-operative method in connection with Religious Liberty work », *Fifty-Eight Meeting, General Conference Committee*, November 25, 1946, p. 313.

> « Considérant que la reconnaissance de la dignité inhérente à tous les membres de la famille humaine et de leurs droits égaux et inaliénables constitue le fondement de la liberté, de la justice et de la paix dans le monde.
>
> Considérant que la méconnaissance et le mépris des droits de l'homme ont conduit à des actes de barbarie qui révoltent la conscience de l'humanité et que l'avènement d'un monde où les êtres humains seront libres de parler et de croire, libérés de la terreur et de la misère, a été proclamé comme la plus haute aspiration de l'homme.
>
> Considérant qu'il est essentiel que les droits de l'homme soient protégés par un régime de droit pour que l'homme ne soit pas contraint, en suprême recours, à la révolte contre la tyrannie et l'oppression. »

Pour ses auteurs et, parmi eux, pour le français René Cassin, de même que pour les délégués, la Déclaration se présentait comme un idéal commun à atteindre par tous les peuples et toutes les nations.

Tous, sans doute, étaient conscients de la distance existante entre la réalité du monde et l'idéal. Ils considèrent cet idéal comme universel. Tous les peuples et toutes les nations sont invités à faire de cet idéal une réalité. Il est important de souligner ce point, car de nos jours la DUDH est souvent remise en cause même au sein du Conseil des droits de l'homme. Elle est jugée trop occidentale. Il est évident qu'en 1948, les nations dominantes étaient les démocraties occidentales.

L'article 1 définit la philosophie sur laquelle repose la Déclaration. Il se lit comme suit :
> « Tous les êtres humains naissent libres et égaux en dignité et en droits. Ils sont doués de raison et de conscience et doivent agir les uns envers les autres dans un esprit de fraternité. »

L'article 2 énonce le principe fondamental d'égalité et de non-discrimination :
> « Toute personne a droit à tous les droits et libertés énoncés dans la présente Déclaration, sans distinction d'aucune sorte, telle que la race, la couleur, le sexe, la langue, la religion, opinion politique ou autre. »

L'article 3 proclame que « toute personne a droit à la vie, à la liberté et à la sécurité de sa personne ».

L'article 7 stipule que « tous sont égaux devant la loi et ont droit sans discrimination à une égale protection de la loi ».

Un article est dédié à la liberté religieuse. C'est l'article 18. Il est essentiel pour ceux qui croient et qui défendent la liberté religieuse. Dès son origine, il a été combattu. Aujourd'hui, son adoption serait quasiment impossible. Il stipule que « Toute personne a droit à la liberté de pensée, de conscience et de religion ». Cette première partie est d'ordre interne, propre à chaque individu dans son être intérieur. En garantissant la liberté de pensée, de conscience et de religion, cela équivaut à toutes les formes de croyance et de non-croyance. La « pensée » inclut également la pensée politique et sociale. La moralité s'intègre dans la « conscience ». Dans sa deuxième partie, cet article va plus loin en définissant les implications de ce droit et intègre donc une dimension externe, publique. Il est question de « la liberté de changer de religion ou de conviction, la liberté de manifester sa religion ou sa conviction seule ou en commun, tant en public qu'en privé, par l'enseignement, les pratiques, le culte et l'accomplissement des rites. »

L'article 18 a été adopté par 27 Etats. 5 s'y sont opposés et 12 se sont abstenus. La reconnaissance de la liberté de changer de religion ou de conviction s'est révélée être l'élément le plus controversé de cette déclaration. Dans la plupart des documents des Nations Unies qui ont suivi, le verbe changer a disparu. La conversion à une autre religion est, dans un certain nombre de pays, un crime passible de la peine capitale. Dans son rapport à l'Assemblée générale des Nations Unies, le 17 janvier 2017, le rapporteur spécial déclarait : « Il ne saurait y avoir de droit à la liberté de religion ou de conviction véritable sans liberté de changer de religion ou de conviction[11]. »

En 1948, lors de la session plénière de l'Assemblée générale, le représentant du Pakistan a défendu l'article 18 comme « pleinement conforme à l'islam ». Ce qui peut paraître surprenant aujourd'hui vu la situation de la liberté religieuse dans ce pays[12].

Conventions adoptées en 1951 et 1953

Les déclarations et conventions qui vont suivre l'adoption de la DUDH sont ses héritières directes. Ainsi, le 28 juillet 1951, les Nations Unies adoptent la Convention relative au statut des réfugiés[13]. Une convention est importante dans la terminologie des Nations Unies parce qu'elle « est un traité contraignant pour chaque Etat signataire ». Dans l'article 1, paragraphe 2, il est fait référence aux victimes des persécutions survenues avant 1951 qui incluent entre autres les persécutions religieuses. L'article 3 souligne que les Etats signataires « devront appliquer les dispositions de la présente convention aux réfugiés sans discrimination de race, de religion ou de pays d'origine ». L'article 4 mentionne l'étendue de la liberté de religion des réfugiés : la liberté de pratiquer leur religion et en ce qui concerne la liberté d'instruction religieuse de leurs enfants.

---

[11] A/HRC/34150, p. 27 ; GE.17.00701, p. 14.
[12] Cf. www.uscirf.gov : Pakistan Chapter - 2018 Annual Report, Key Findings.
[13] La Convention de 1951 relative aux réfugiés est entrée en vigueur le 22 avril 1954. Cf. www.ohchr.org/fr.

Nous trouvons la même disposition concernant la religion dans la Convention relative au statut des apatrides du 28 septembre 1954 dans les articles 3 et 4.

Les Européens font un pas de plus

Deux années après l'adoption de la DUDH, le Conseil de l'Europe adopte la Convention européenne des droits de l'homme (CEDH). Ce traité, signé le 4 novembre 1950, est entré en vigueur le 3 septembre 1953[14].

L'article 9 évoque le droit à la liberté de religion dans deux paragraphes. Le paragraphe 1 reprend l'article 18 de la DUDH et le paragraphe 2 concerne les limites.

Avec cette convention l'Europe est mieux équipée pour protéger la liberté religieuse. En cas de non-respect de ce droit, les individus ont la possibilité de porter plainte à la Cour européenne des droits de l'homme contre un pays signataire. Des sanctions sont alors prises, ce qui n'est pas le cas au niveau des Nations Unies.

Conventions adoptées en 1966 et 1976

La DUDH a été également suivie de deux conventions importantes : Le Pacte international relatif aux droits économiques, sociaux et culturels (PIDESC) et le Pacte international relatif aux droits civils et politiques (PIDCP), adoptés par l'Assemblée générale le 16 décembre 1966 et entrés en vigueur le 3 janvier 1976[15]. Chacune de ces conventions est contrôlée par un comité d'experts qui examine la performance des Etats et rend son rapport à l'Assemblée générale.

La deuxième convention (PIDCP) cite l'article 18 et ajoute trois paragraphes.

Le paragraphe 2 stipule que « nul ne subira de contrainte pouvant porter atteinte à sa liberté d'avoir ou d'adopter une religion ou une conviction de son choix ».

Le paragraphe 3 mentionne que « les limitations sont prescrites par la loi et sont nécessaires pour protéger la sécurité publique, l'ordre, la santé ou la moralité où les droits et libertés fondamentaux d'autrui commencent ».

Le paragraphe 4 énonce le droit des parents d'enseigner leur religion à leurs enfants : « Les Etats, parties au présent pacte, s'engagent à respecter la liberté

---

[14] « European Convention for the Protection of Human Rights and Fundamental Freedoms (Selections) and the First Protocol (Selections) », in Tad Stahnke, Paul Martin (éd.), *op. cit.*, p. 141. Resolution 2200A (XXI).

[15] Cf. www.ohchr.org ; résolutions 36 et 55.

des parents et, le cas échéant, des tuteurs légaux pour assurer l'éducation religieuse et morale de leurs enfants, en conformité avec leurs propres convictions. »

Comme nous pouvons le constater, la DUDH fut à l'origine d'autres documents très importants. Parmi eux, il faudrait mentionner la Charte sociale européenne et les Accords d'Helsinki. Mais le plus significatif, dans la domaine de la liberté religieuse, au niveau des Nations Unies, est sans doute la déclaration communément appelée la Déclaration de 81.

La Déclaration de 1981

Le 25 novembre 1981, après plus de 20 ans d'études et de consultations (résolution du 7 décembre 1962), l'Assemblée générale des Nations Unies accepte une Déclaration sur l'élimination de toutes les formes d'intolérance et de discrimination fondées sur la religion ou la conviction[16].

Le document contient huit articles qui ont un préambule de sept « considérations » et « convictions ». L'une d'elles se lit comme suit :

> « Considérer que la religion ou la conviction, pour quiconque professe, est l'un des éléments fondamentaux de sa conception de la vie et que la liberté de religion ou de conviction doit être pleinement respectée et garantie. »

L'article 1, paragraphe 1, cite l'article 18 de la DUDH. L'article 2, paragraphe 1, affirme :

> « Nul ne peut être victime de discrimination de la part d'un État, d'une institution, d'un groupe de personnes ou d'une personne en raison de sa religion ou de ses convictions. »

L'article 5, paragraphe 5, décrit les limites. L'article 6, alinéa h, mentionne la liberté du jour de repos :

> « Observer les jours de repos et célébrer les fêtes et les cérémonies conformément aux préceptes de sa religion et de sa conviction aux niveaux national et international[17]. »

La Déclaration des Nations Unies sur l'élimination de toutes les formes d'intolérance et de discrimination fondées sur la religion ou la conviction fut une grande victoire pour tous les défenseurs de la liberté religieuse et de la dignité humaine.

---

[16] Cf. www.ohchr.org/fr/professionalinterest/pages/religionorbelief.aspx.
[17] Giamfranco Rossi, alors Secrétaire général de l'AIDLR, assistait aux débats et contribua par son activité à la présence du point h dans l'article 6.

La liberté religieuse est-elle sans limite ?

Lorsque nous citons une législation internationale qui protège la liberté de religion pour tous, le vocabulaire peut faire penser que cette liberté est sans limite. C'est illusoire. La liberté religieuse a toujours des limites. Elle ne peut pas s'opposer aux droits de l'homme et au respect de sa dignité.

Par exemple, le pacte PIDCP inclut des limites explicites. Dans son article 18, au paragraphe 3, nous lisons :

> « La liberté de manifester sa religion ou ses convictions ne peut faire l'objet que des seules restrictions prévues par la loi et qui sont nécessaires à la protection de la sécurité, de l'ordre et de la santé publique, ou de la morale ou des libertés et droits fondamentaux d'autrui. »

L'article 22, paragraphe 2, stipule que :

> « L'exercice de ce droit ne peut faire l'objet que des seules restrictions prévues par la loi et qui sont nécessaires dans une société démocratique, dans l'intérêt de la sécurité nationale, de la sûreté publique, de l'ordre public, ou pour protéger la santé ou la moralité publiques ou les droits et les libertés d'autrui. Le présent article n'empêche pas de soumettre à des restrictions légales l'exercice de ce droit par les membres des forces armées et de la police. »

Que signifie l'expression « restriction prévues par la loi » ?

Je me souviens des remarques d'un chef d'une délégation que j'ai accueillie, venant d'un pays asiatique peu connu pour son respect de la liberté religieuse. Dans ses salutations, il mentionna que son pays respectait la liberté religieuse dans le cadre de la loi.

Que se passe-t-il si la loi n'est pas en harmonie avec l'article 18 de la DUDH ? Par exemple, si elle interdit les conversions libres ou les réunions religieuses, les publications, est-ce acceptable ?

En fait, selon l'article 22 ($2), les restrictions sont autorisées afin de protéger la liberté d'autrui, pour assurer « la reconnaissance et le respect des droits et libertés d'autrui ». Mais il s'agit de cas extrêmes car, selon l'esprit de la Déclaration, la loi ne devrait pas restreindre indûment le droit à la liberté de pensée, de conscience et de religion.

Dans son article intitulé « Etude de la discrimination en matière de droits et de pratiques religieux », Arcot Krishnaswami utilise l'exemple de l'Inde et du système des castes religieuses. Pour être en harmonie avec la DUDH, la constitution de l'Inde, en vigueur en janvier 1950, stipule dans son article 15 qu' « aucun citoyen ne peut, pour des raisons de religion seulement [...], être soumis à toute invalidité, responsabilité, restriction ou condition en ce qui concerne l'accès aux magasins, restaurants publics, hôtels et lieux de divertissement public ». L'effet logique de cette liberté se trouve à l'article 17, qui se lit comme suit : « L'intouchabilité est supprimée et sa pratique sous quelque forme que ce soit est interdite[18]. »

Conscient du fait que ces limitations peuvent porter atteinte au droit à la liberté de pensée, de conscience et de religion, l'article 22 ($2) utilise le terme « dans une société démocratique ».

Le concept de l'ordre public a été également contesté par les défenseurs des droits de l'homme. L'ordre public renvoie à un ensemble de lois étatiques qui expriment les valeurs du système politique de chaque pays. Le professeur Massimo Introvigne note à ce propos que : « De ce point de vue, Néron, Hitler ou Staline auraient facilement pu déclarer leur plein respect pour la liberté religieuse[19]. »

Le *Catéchisme de l'Eglise catholique*[20] n'accepte pas le paramètre de l'ordre public pour limiter la liberté religieuse. Pourquoi ? Parce que ce concept, selon les auteurs, est conçu dans un esprit positiviste ou naturaliste. La doctrine sociale de l'Eglise catholique utilise l'expression « justes limites ». Nous pouvons bien sûr à notre tour nous poser la question suivante : Que signifie « juste » ou « équitable » pour les catholiques ? Serait-ce une définition satisfaisante pour les non-catholiques ?

La Cour suprême des Etats-Unis, qui s'efforce de définir les limites de la liberté de religion, a appliqué le prétendu *Compelling Interest Test*[21]. Ce *test* limite l'action ou les lois de l'Etat qui visent à réduire ou à interdire la pratique de la religion, à moins que l'Etat ait un intérêt incontestable à le faire. Bien que la cour suprême ait pris ses distances par rapport à ce test, il demeure néanmoins dans la loi statutaire des Etats-Unis[22].

Les défenseurs des droits de l'homme approuvent généralement le fait que la liberté religieuse, comme toutes les autres libertés, soient soumises à des limites. Par exemple, tout le monde s'accorde à penser que sauver une vie justifie une

---

[18] Arcot Krishnaswami, « Study of Discrimination in the Matter of Religious Rights and Practices », in Tad Stahnke, Paul Martin (éd.), *op. cit.*, p. 16-17.
[19] Massimo Introvigne, *Le Fantôme de la liberté*, CESNUR - Center for the Study of New religions, 1997, p. 3.
[20] *Catéchisme de l'Eglise catholique*, Paris, Mame-Plon, 1992, p. 436 (n° 2109).
[21] Sherbert v. Verner 374 US 398 (1963).
[22] Bien que la loi de 1993 sur le rétablissement de la liberté religieuse (Religious Freedom Restoration Act) ait été jugée inconstitutionnelle lorsqu'elle a été appliquée aux lois des différents Etats des États-Unis, on considère généralement qu'elle continue de s'appliquer aux actions et aux lois du gouvernement fédéral américain.

intervention de l'Etat. Mais ce n'est pas une garantie absolue. Les tribunaux qui définissent un intérêt incontestable ne sont pas à l'abri de manipulations.

Les restrictions ou limitations qui ont pour but de protéger le droit des autres de choisir, d'avoir ou de rejeter une religion ou une conviction, ne diminuent en rien l'importance donnée à la religion. Dans l'Observation générale n° 22 du Comité des droits de l'homme des Nations Unies sur le paragraphe 1 au sujet de l'article 18, nous lisons :

> « Le Comité appelle l'attention des Etats sur le fait que la liberté de pensée et la liberté de conscience sont protégées à égalité avec la liberté de religion et de conviction. Le caractère fondamental de ces libertés est également reflété dans le fait qu'aux termes du paragraphe 2 de l'article 4 du Pacte, il ne peut être dérogé à l'article 18, même en cas de danger public exceptionnel[23]. »

Il faut vraiment souligner les derniers mots de la citation : « Même en cas de danger public exceptionnel[24] ».

Le retour à l'âge des ténèbres

Les violations du droit de la liberté religieuse n'ont pas cessé malheureusement. Elles ouvrent la porte à un retour à l'âge des ténèbres et à des siècles de discrimination et de persécution parrainés par l'Etat ou par l'Eglise.

Dans son dernier rapport de 2016, le Rapporteur spécial des Nations Unies sur l'intolérance religieuse écrit :

> « Des atteintes massives à la liberté de religion ou de conviction se produisent actuellement, surtout dans des pays qui se caractérisent par une incurie politique systémique, notamment ou la corruption, le népotisme et l'ethnocentrisme sont généralisés[25]. »

Une année plus tard, le nouveau Rapporteur special notait que 10 % des pays dans le monde considèrent l'apostasie comme une infraction ; 22 pays réservaient la peine de mort pour apostasie, 13 la peine capitale aux athées et pour 9 pays le blasphème constitue une infraction passible d'une peine d'emprisonnement ou dans certains cas, de la peine de mort[26].

---

[23] General Comment n° 22 : The right to freedom of thought, conscience and religion (Art. 18) : 30/07/93 (48e session).
[24] Le caractère fondamental de ces libertés est également souligné dans le paragraphe 2 de l'article 4 du Pacte civil relatif aux droits civils et politiques (CCPR/C/21/Rev.1/Add.4, General Comment n° 22).
[25] Nations Unies, Assemblée générale, 6 août 2016, A/71/269, p. 13-26.
[26] Nations Unies, A/HRC/34/50, 17 janvier 2017, p. 14-39.

Il est temps de réaffirmer ce droit

La liberté religieuse n'est pas un droit de l'homme marginal ou facultatif que les gouvernements peuvent décider de donner ou de ne pas donner à leurs sujets. Le gouvernement ne « donne » pas la liberté de religion, il la reconnaît simplement et agit légalement en conséquence pour la protéger. La liberté de religion est un droit humain fondamental et un principe essentiel pour toutes les démocraties. Elle est aussi un signe de l'état général des libertés. Si on y touche, la privation des autres libertés ne saurait tarder.

Le 10 décembre 1986, Elie Wiesel, en acceptant le prix Nobel de la paix, déclarait :

> « Nous devons toujours prendre parti. La neutralité aide l'oppresseur, jamais la victime. Là où des hommes ou des femmes sont persécutés à cause de leur race, de leur religion ou de leurs opinions politiques, cet endroit doit, à ce moment-là, devenir le centre de l'univers[27]. »

Défendre et promouvoir la liberté religieuse, ce n'est pas défendre une religion contre une autre, un groupe contre d'autres, ou un pays contre un autre ; c'est défendre un principe, un droit humain fondamental qui stipule que « toute personne a droit à la liberté de pensée, de conscience et de religion, ainsi que le droit de pratiquer la religion qu'il ou qu'elle a choisie ».

---

[27] Cf. www.nobelprize.org/prizes/peace/1986/wiesel/facts.

L'« idée » de reste dans le livre de Daniel

Edwin Sully Payet[1]

Le concept de reste dans la Bible a été étudié à plusieurs reprises depuis le début du XXe siècle. Plusieurs théologiens sont allés en profondeur pour connaître l'origine et le développement de ce concept, particulièrement dans l'Ancien Testament. Et la plupart des dictionnaires de théologie ont le reste ou sa notion comme article.

Néanmoins, peu d'études sur ce thème du reste ont été faites sur le livre de Daniel[2]. En effet, Daniel ne contient pas de terme hébreu ou araméen pour désigner la notion de « reste[3] ». Cela ne veut pas dire pour autant que l'on ne peut trouver ce concept dans le livre de Daniel. Il est reconnu que l'idée du reste peut être présente même si sa terminologie n'est pas utilisée[4]. Or, le concept de reste est développé de façon significative dans le livre de Daniel[5].

Quelle « idée » de reste peut-on donc trouver dans le livre de Daniel ? Cet article vise à donner une réponse à cette question. Il cherchera d'abord à discerner l'idée de reste dans les passages historiques (Dn 1-6), puis à explorer cette idée dans le contexte prophétique des visions apocalyptiques (Dn 7-12). Cependant, il importe de définir le terme « reste » afin de mieux repérer et discerner la notion de reste dans le livre de Daniel.

---

[1] Edwin Sully Payet, docteur en théologie, est professeur de théologie systématique et doyen de la Faculté adventiste de théologie de l'Université adventiste Zurcher à Sambaina (Madagascar).
[2] Cf. Gerhard Hasel, « Remnant », in Geoffrey Bromiley (éd.), *The International Standard Encyclopedia of the Bible*, Grand Rapids, Eerdmans, 1988, vol. IV, p. 129-134 ; Gerhard Hasel, « The Remnant in Scripture and the End Time », *Adventists Affirm* 2 (1988/2), p. 10 ; Gerhard Hasel, « Who Are the Remnant? », *Adventists Affirm* 9 (1993/2), p. 5-13, 31.
[3] Avec probablement comme exception Daniel 12.1.
[4] Tarsee Li, « The Remnant in the Old Testament », in Angel Manuel Rodriguez (éd.), *Toward a Theology of the Remnant: An Adventist Perspective*, Silver Spring, Biblical Research Institute, 2009, p. 25. Cf. Gerhard Hasel, « Remnant », p. 130.
[5] *Ibid.*, p. 133.

Définition

Le motif du « reste » peut simplement être défini par « ce qui reste d'une communauté (famille, clan, nation) après avoir fait face à une catastrophe[6] », comme un désastre naturel (famine) ou politique (guerre). Plusieurs théologiens ont mis l'emphase sur la notion de « petit » pour évoquer le reste[7]. John Paterson souligne que le reste forme « le pont reliant la menace de punition à l'espérance de la restauration[8] ». Dans ce sens, la notion de reste peut avoir « un sens destructif, mais aussi constructif[9] ».

Hasel suggère trois catégories de reste[10] : 1) le reste historique (les survivants d'une catastrophe ; cf. Gn 4.1-15 ; Nb 33.35 ; Jg 3.1) ; 2) le reste fidèle (qui se distingue du groupe précédent par sa confiance véritable en Dieu ; cf. Gn 7.23) ; et 3) le reste eschatologique (ceux qui passeront les jugements de purification de la fin des temps et qui émergeront triomphants après le jour du Seigneur comme bénéficiaires du royaume éternel ; cf. Jl 2.31-32).

Il faut malgré tout reconnaître qu'on ne peut insister sur ces catégorisations, puisque, dans la description biblique, la distinction entre ces trois groupes demeure floue. Cette étude ne mettra donc pas d'emphase sur l'une ou l'autre de ces catégories, même si sera considérée plutôt la première, selon une définition plus large de Hasel :

> « La désignation du "motif du reste" est utilisée […] dans un sens non restreint […]. Cela veut dire que [cette] désignation […] est employée aussi bien dans les aspects négatifs que positifs de l'idée du reste et aussi bien dans son usage non-eschatologique qu'eschatologique. Le terme "motif du reste" peut exprimer l'idée négative d'un anéantissement total de la vie humaine, sans survivants. Il est utilisé en connexion avec la nature négligeable de survivants qui sont peu nombreux et qui forment un reste insignifiant pour le futur d'une famille, d'un clan, d'une tribu, d'un peuple ou d'une nation. Inversement, il est employé pour désigner un reste restreint ou important, qui porte en lui-même les potentialités d'un renouveau de vie et d'une continuité d'existence. Il est utilisé pour désigner des entités historiques et eschatologiques. Cette utilisation non

---

[6] Lester Meyer, « Remnant », in David Noel Freedman (éd.), *The Anchor Bible Dictionary*, New York, Doubleday, 1992, Vol. 5, p. 669.
[7] Henri Lesêtre, « Restes, » in Fulcran Vigouroux (éd.), *Dictionnaire de la Bible*, Paris, Librairie Letouzey et Ané, 1922, vol. 5, p. 1062 ; Edouard Cothenet, « Reste », in *Dictionnaire Encyclopédique de la Bible*, Brepols, 1987, p. 1105-1106 ; John Paterson, « Remnant », in James Hastings (éd.), *Dictionary of the Bible*, New York, Charles Scribner's Sons, 1963, p. 841. Ce dernier parle de « gage de la miséricorde divine » ou de « symbolique de la grâce divine ».
[8] John Paterson, *op. cit.*, p. 841.
[9] « Cela se réfère au jugement passé, mais aussi à la limitation miséricordieuse de ce jugement par la grâce gratuite de Dieu » (Ernst Jenni, « Remnant », in George Arthur Buttrick (éd.), *The Interpreter's Dictionary of the Bible*, Nashville, Abingdon, 1962, vol. 4, p. 32).
[10] Gerhard Hasel, « Remnant », p. 132. Cf. François Dreyfus, « Reste », in Xavier Léon-Dufour (éd.), *Vocabulaire de théologie biblique*, Paris, Cerf, 1977, p. 1098-1099.

restreinte de l'expression "motif du reste" a la qualité d'inclure en une désignation la large variété d'aspects et emphases qui expriment les notions hébraïques et sémitiques du reste[11]. »

L'« idée » du reste dans les passages historiques

Sont considérés comme passages historiques dans cette étude, les passages qui ne contiennent aucune vision prophétique, comme les chapitres un à six (de façon complète ou partielle). Ces chapitres seront maintenant étudiés dans l'ordre chronologique.

Daniel 1

Contexte historique. L'histoire est datée de « la troisième année du règne de Joïaqim[12] ». Il est habituellement accepté que cela s'est passé vers 605 av. J.-C.[13] Ayant joint sa force aux Mèdes, l'empire babylonien, après avoir défait l'empire assyrien et détruit sa capitale en 612 av. J.-C., devint la puissance dominante de l'époque en soumettant les Egyptiens à Carchemich en 605 av. J.-C.

Cette même année, les Babyloniens fondirent sur la Palestine et firent le siège de Jérusalem. Juda et son roi, Joïaqim, qui étaient soumis aux Egyptiens, ne purent résister. Juda devint un état vassal de Babylone (cf. 2R 24.1-2 ; 2Chr 36.5-7)[14]. Nabuchodonosor confisqua une partie des ustensiles du temple de Dieu

---

[11] Gerhard Hasel, *The Remnant: The History and Theology of the Remnant Idea from Genesis to Isaiah*, Andrews University Monographs, vol. V, Berrien Springs, Andrews University Press, 1972, p. 46-47.
[12] Dn 1.1. Cette date a troublé certains commentateurs. Cependant, discuter de ce problème ici dépasse le cadre de cette étude. Pour aller plus loin, cf. Zdravko Stefanovic, *Daniel: Wisdom to the Wise: Commentary on the Book of Daniel*, Nampa, Pacific Press, 2007, p. 45-46 ; Tremper Longman III, *Daniel*, the NIV Application Commentary, Grand Rapids, Zondervan, 1999, p. 43-45 ; Ernest Lucas, *Daniel*, Apollos Old Testament Commentary 20, Leicester/Downers Grove, Apollos/InterVarsity, 2002, p. 50-52 ; Mark Mercer, « Daniel 1:1 and Jehoiakim's three years of servitude », *Andrews University Seminary Studies* 27 (1989/3), p. 179-192.
[13] Jacques Doukhan, *Le Soupir de la Terre*, Dammarie-lès-Lys, Vie & Santé, 1993, p. 21 ; Zdravko Stefanovic, *op. cit.*, p. 45-46 ; Gerhard Pfandl, *Daniel: The Seer of Babylon*, Hagerstown, Review and Herald, 2004, p. 14 ; Louis Hartman, Alexander Di Lella, *The Book of Daniel*, Anchor Bible 23, New York, Doubleday, 1977, p. 129 ; Tremper Longman, *op. cit.*, p. 45. Certains commentateurs préfèrent une autre date : cf. Ernest Lucas, *op. cit.*, p. 52.
[14] Il paraît normal que l'armée babylonienne soit tout simplement supérieure et plus puissante que celle de Juda. Cependant Daniel (1.2) présente cette déportation comme le résultat de la volonté de Dieu, démontrant ainsi la souveraineté de Dieu sur toutes choses. De plus, Daniel emploie le nom de Dieu *'ǎdōnāy*, « Seigneur », plutôt que *yhwh*, « l'Eternel », ou encore *'ělōhîm*, « Dieu », car ce nom de Dieu met l'emphase sur le sens de propriété de Dieu, et « son contrôle sur toutes choses » (Tremper Longman, *op. cit.*, p. 43). « Nous avons, ici, dans ce verset, l'accomplissement des prophéties qu'avaient prononcées les anciens prophètes, en avertissement, mais aussi comme un appel à la repentance (Isaïe 39:5-7; Jérémie 20:5) » (Jacques Doukhan, *op. cit.*, p. 23).

(Dn 1.2)[15], ainsi qu'un certain nombre de jeunes instruits et nobles comme captifs. Ils devaient être formés au langage et à la littérature des Chaldéens afin de servir à la cour du roi (1.4). Parmi eux se trouvaient Daniel et ses trois compagnons.

Interprétation. Déracinés de leur famille et de leur patrie, ces jeunes Hébreux pourraient être considérés comme un reste puisqu'ils ont survécu à la catastrophe de la chute de Jérusalem et de Juda (1.1-3)[16]. Arrivés à Babylone, ils furent forcés d'étudier une nouvelle langue, de nouvelles coutumes, les sciences et la littérature (1.4) pendant une période de trois ans. Leur nourriture évolua et leurs noms usuels furent changés (1.5-7)[17]. Le but de Nabuchodonosor était net et précis : il voulait totalement immergés et assimilés « dans le monde de pensée et dans la culture babylonienne[18] ».

Inclus dans le système éducatif babylonien, et ayant reçu de nouveaux noms, les Hébreux semblent se soumettre eux-mêmes. Aucune résistance n'est enregistrée par les Ecritures, jusqu'au changement de nourriture que Nabuchodonosor avait lui-même choisi pour les captifs hébreux. L'alimentation était celle de la table même du roi.

L'« idée » du reste peut être remarquée au verset 6. « Il y avait parmi eux, d'entre les Judéens, Daniel, Hanania, Mishaël et Azaria » (1.6). Les deux expressions « parmi eux » et « d'entre les Judéens » s'amplifient l'une l'autre. Peu importe le nombre des fils de Juda captifs, *seuls quatre* résolurent de rester fidèles et de ne pas se souiller. Les autres ont accepté de se conformer à leur environnement païen. D'une manière ou d'une autre, seuls les quatre choisirent de rester fidèles au choix que Dieu fit pour qu'ils soient le peuple de Dieu[19].

---

[15] Quand Nabuchodonosor prit ces ustensiles pour les placer « dans la maison de ses dieux, dans le Trésor de ses dieux » (1.2), « cela pouvait être considéré comme une victoire, non seulement sur Juda, mais aussi du dieu babylonien sur Yahweh lui-même. Cet acte reflète une pratique du Moyen Orient ancien : l'armée vainqueur pillait le temple de la nation vaincue et plaçait les symboles du dieu perdant dans leur propre temple » (Tremper Longman, *op. cit.*, p. 47). Voir l'analogie dans 1S 4-5.

[16] Gerhard Hasel, « The Remnant in Scripture and the End Time », p. 10.

[17] Certains commentateurs pensent même qu'ils furent castrés (1.7). « Les premiers commentaires rabbiniques et chrétiens sur ces versets concluent qu'à ce point de l'histoire, Daniel et ses amis devinrent littéralement eunuques. Après tout, beaucoup de ceux qui ont travaillé étroitement avec le roi babylonien étaient des eunuques, et le titre d'Ashpenaz a été compris comme signifiant littéralement "chef des eunuques". Jérôme croyait que Daniel et ses amis accomplissaient Esaïe 39.7. En dernière analyse, nous ne pouvons en être certains » (Tremper Longman, *op. cit.*, p. 51) ; cf. Desmond Ford, *Daniel*, Nashville, Southern Publishing Association, 1978, p. 79 ; Jacques Doukhan, *op. cit.*, p. 298-299, note 42.

[18] Ernest Lucas, *op. cit.*, p. 53.

[19] Cette infidélité dévoile indirectement l'état spirituel du peuple et peut expliquer pourquoi Dieu les a déportés.

Ce choix a pu être le choix de Daniel (1.8), car le texte met l'emphase sur sa décision sans mentionner la décision des trois autres. Néanmoins, cette décision fut personnelle pour chacun des quatre. Daniel l'a prise d'abord dans son esprit (*wayyāśem dāniyyē'l 'al-libbô*, littéralement « Daniel mit dans son cœur ») avant d'en parler ouvertement au chef des eunuques, comme l'ont probablement fait les trois autres.

De façon intéressante, le verset 7 utilise *deux fois* le verbe *sym*, « placer, mettre » pour décrire le changement de nom des captifs hébreux. Cela renforce la décision de faire d'eux des Babyloniens de par leur nom. Le verset 8, quant à lui, l'utilise une seule fois, mais en connexion avec un autre verbe, qui est utilisé à deux reprises, *g'l*, « souiller, polluer, profaner », au mode réfléchi (*hithpael*). On a pu forcer Daniel à changer son apparence et à devenir Babylonien de par son nom ; néanmoins, il pouvait toujours décider de rester ferme et droit dans son cœur. Nabuchodonosor pouvait changer l'apparence de Daniel (et de ses compagnons), mais pas ses (leurs) intimes convictions.

La raison la plus importante[20] qui a poussé ces quatre jeunes gens était qu'ils ne voulaient pas que le roi babylonien se croie être la source de leur possible succès. En choisissant leur nourriture, Nabuchodonosor mettait l'emphase sur le fait qu'il était celui qui allait pourvoir à leurs besoins pendant leurs études à sa cour[21] :

> « En refusant de manger la nourriture du roi, ils savaient que ce n'était pas lui qui était responsable pour le fait qu'ils avaient 'meilleure mine et plus d'embonpoint que tous les jeunes gens qui mangeaient les mets du roi' (1.15). Leur apparence robuste, habituellement acquise par la consommation de nourriture riche en viandes et de vin, fut miraculeusement obtenue au travers d'un régime de légumes. Seul Dieu pouvait l'avoir fait. [...] Le but était d'empêcher les quatre pieux Judéens de croire que leur apparence physique (et par conséquent, peut-être aussi, leurs dons intellectuels) était le fruit de la culture babylonienne[22]. »

---

[20] La question de l'alimentation est débattue et différentes interprétations ont été proposées pour comprendre le refus des Hébreux de manger la nourriture du roi. « Un Israélite bien éduqué rejetait la nourriture riche et épicée sur la base qu'il était la propriété de Dieu et ne pouvait souiller son corps ou diminuer, réduire, atténuer son utilité de quelques façons que ce soit. Deuxièmement, les viandes utilisées par les Babyloniens n'auraient pas été préparées selon la loi de Moïse (le verbe *g'l*, « souiller » implique une souillure ou une profanation d'ordre religieux ou cérémoniel (Es 59.3 ; 63.3 ; Lm 4.14 ; Esd 2.62 ; Ne 7.64 ; Ml 1.7, 12). Troisièmement, certains de ces aliments pouvaient être considérés comme impurs par les Juifs (voir Lv 11). [Finalement], manger et boire impliquait un acte d'adoration aux idoles de par la bénédiction des dieux invoqués sur la nourriture. » (Desmond Ford, *op. cit.*, p. 81).
[21] Zdravko Stefanovic, *op. cit.*, p. 58.
[22] Tremper Longman, *op. cit.*, p. 53.

« Le test de style de vie devint une question de loyauté à Dieu ou au roi ; cela devint aussi une question de vie et de mort, aussi bien physiquement que spirituellement[23]. » Ils étaient donc prêts à tenir ferme pour cela, mais *en douceur*, jamais en étant arrogant. Ils n'ont fait aucune action révolutionnaire[24]. Ils demandèrent simplement de manger autre chose. Si le chef des eunuques refusa dans un premier temps de leur accorder cela – il eut peur, car sa propre vie était en jeu – il ne les a pas rejetés pour autant, ni même dénoncés au roi, car « Dieu accorda [littéralement, "donna"] à Daniel la faveur et la compassion du chef des hauts fonctionnaires » (1.9).

Leur fidélité fut récompensée. Dieu est vu comme opérant derrière la scène : c'est lui qui donna le succès à Daniel et ses trois compagnons. Il inspira Daniel à parler et à demander un test de dix jours[25]. Il leur permit d'être entendus par le chef des eunuques (1.9-14). Et ils furent trouvés en meilleure mine après seulement dix jours de test (1.15). Ils furent alors servis différemment pendant leurs trois années d'études, sans aucun problème relaté dans les Ecritures (1.16). Dieu leur donna « de la connaissance, du discernement » pendant leurs études (1.17). Ils furent trouvés « dix fois *supérieurs à tous les mages et les envoûteurs* qui étaient dans tout [le] royaume » (1.20). Finalement, la bénédiction de Dieu pour cette simple décision s'est fait sentir, au moins pour Daniel, dans la durée puisqu'elle perdura « jusqu'à la première année du roi Cyrus » (1.21). Dieu lui permit de « vivre plus longtemps que son conquérant[26] ».

Le premier chapitre montre que Daniel et ses compagnons peuvent être appelés un « reste », parce que non seulement ils survécurent à la catastrophe de la chute de Juda, mais aussi parce qu'ils restèrent loyaux « dans leur style de vie et sans compromis[27] ». De plus, Dieu ne les a jamais obligés à lui rester fidèle. Cela fut leur choix personnel. Ils étaient prêts à tout perdre, mais pas leur affiliation morale, leur foi ou encore leur allégeance envers Dieu. En choisissant d'obéir à Dieu, ils auraient pu perdre leur vie. Mais en choisissant de suivre

---

[23] Gerhard Hasel, « Who Are the Remnant? », p. 6.
[24] Tremper Longman, *op. cit.*, p. 53.
[25] « La période de dix jours pour un test spirituel est un motif commun dans la littérature [d'après l'exil] (cf. Ap 2.10 ; *Jubilees* 19.8 ; *Testament of the Twelve Patriachs, Joseph* 2.7 ; *Pirke Abot* 5:4) », Louis Hartman, Alexander Di Lella, *op. cit.*, p. 130 ; cf. Jacques Doukhan, *op. cit.*, p. 299, note 46.
[26] Zdravko Stefanovic, *op. cit.*, p. 70 : On a ici « de simples mots ; mais quel volume de fidélité testée ils révèlent ! Au milieu de toutes les intrigues, indigène, en tout temps, dans les dynasties de despotisme oriental, où les intrigues aussi revenaient si sûrement et si certainement sur la tête de leur auteur ; au milieu de toutes les jalousies vis-à-vis d'un captif étranger de haut rang en tant que conseiller du roi ; au milieu de troubles, liés à l'insanité du roi et au meurtre de deux de ses successeurs, dans toute cette période critique pour son peuple, Daniel *se maintint [en vie et poursuivit son œuvre]* ». Cf. Tremper Longman, *op. cit.*, p. 56.
[27] Gerhard Hasel, « Who Are the Remnant? », p. 6.

Nabuchodonosor dans tout ce qu'il avait préparé pour eux, ils auraient pu perdre leur foi et leur vie spirituelle. Dieu a ainsi récompensé leur choix de lui rester fidèle. Cela fut son don pour le reste.

Daniel 2

Contexte historique. Comme au premier chapitre, l'histoire est aussi ici placée dans un cadre historique : « La deuxième année de son [Nabuchodonosor] règne » (2.1)[28]. Nabuchodonosor a reçu un rêve étrange qui le trouble énormément. Il fit alors appel à *tous* les hommes sages à sa disposition[29] et leur donna l'ordre de lui révéler son rêve et son interprétation.

Comme le roi refusait de leur révéler son rêve[30], les sages finirent par reconnaître que la requête du roi était impossible car, admettaient-ils, « il n'est personne sur terre qui puisse faire ce que demande le roi, sinon les dieux[31] dont la demeure n'est pas parmi les êtres charnels » (2.10-11). L'angoisse du roi tourna à la fureur (il avait probablement peur du possible sens de son rêve). Selon lui, les sages essayaient de gagner du temps (2.8), et étaient prêts à le tromper par des « paroles mensongères et erronées » (2.9). Il prononça donc un décret de mort sur tous les sages de Babylone – présents à la cour ou non (2.12) –, incluant Daniel et ses trois amis (2.13). Une fois de plus, leur vie était menacée.

Interprétation. « Les sages allaient être mis à mort » (2.13)[32]. Daniel et ses trois compagnons n'étaient pas présents, mais étaient menacés de mort comme tous

---

[28] Cela pourrait impliquer que Daniel et ses compagnons étaient encore en train de faire leurs études. Cf. John Collins, *Daniel: A Commentary on the Book of Daniel*, Hermeneia, Minneapolis, Fortress, 1993, p. 154-155 ; Zdravko Stefanovic, *op. cit.*, p. 81-82. Pour l'argument contraire, voir Edward Young, *The Prophecy of Daniel: A Commentary*, Grand Rapids, Eerdmans, 1977, p. 56.

[29] Le texte fait mention de quatre catégories différentes de sages : « les mages, les envoûteurs, les sorciers et les chaldéens [astrologues] » (2.2). Le roi fait appel à tous ceux qui pourraient l'aider à interpréter son rêve.

[30] Le texte ne nous dit pas la raison du refus du roi de dévoiler le contenu de son rêve : « Certains commentateurs croient que Nabuchodonosor avait oublié son rêve. Il était troublé, savait qu'il avait eu un rêve, mais ne s'en souvenait pas exactement. Cette interprétation, cependant, ne justifie pas la violente colère du roi. Sa réaction de demander aux sages de lui donner le contenu du rêve était pour Nabuchodonosor une manière de mettre à l'épreuve leur intégrité. Il comprenait qu'il était facile de donner une interprétation d'un rêve symbolique et il voulait s'assurer lui-même de leur authenticité en leur demandant quelque chose que seul lui pouvait savoir : le contenu même du rêve. Peu importe la raison, on peut néanmoins y voir sans aucun doute l'intention divine derrière l'entêtement royal » (Tremper Longman, *op. cit.*, p. 78) ; cf. Edaard Young, *op. cit.*, p. 58-59.

[31] « Dans l'Araméen de Daniel, « dieu » ou « Dieu » (Yahweh) traduit le mot singulier *'elah, 'elahâ*. Le pluriel *'elahîn* fait généralement référence aux « dieux (païens) » (3.12 ; 5.4,23), quelques fois à « Dieu » (Yahweh, 6.17,21). Néanmoins ici, *'elahîn* pourrait être compris au sens large, incluant les êtres surhumains (Louis Hartman, Alexander Di Lella, *op. cit.*, p. 139).

[32] Louis Segond (1910) traduit : « La sentence fut publiée, les sages étaient mis à mort ». Cela semble improbable. Selon le commentaire de la *New English Translation*, note 24 sur ce verset, « le participe

les autres sages. Comme au chapitre 1, Daniel agit « d'une manière avisée et sensée » (2.14). Ayant appris ce qui s'était passé, Daniel demanda audience au roi pour avoir « un délai[33] pour donner au roi l'interprétation » (2.16). De façon intéressante, Daniel obtint un délai là où les sages ne purent en avoir.

De plus, si les sages et les magiciens savaient que seuls les dieux, qui n'habitent pas parmi les hommes, pouvaient révéler le rêve et son interprétation, ils n'avaient pas accès à ces dieux (2.11) ! Parmi eux, les quatre jeunes « graduant » hébreux savaient que seuls les dieux – particulièrement leur Dieu – pouvaient révéler le rêve et son interprétation. Mais eux, ils *connaissaient* Dieu de façon personnelle : ils avaient une relation unique et authentique avec le Dieu du ciel. Si aucun être humain ne pouvait révéler ce genre de choses, Dieu, lui, le pouvait s'ils faisaient appel à lui.

Daniel et ses compagnons savaient qu'ils avaient une seule et unique option, la prière. Ils implorèrent donc « la compassion du Dieu du ciel au sujet de ce mystère » (2.18)[34]. C'est donc leur relation avec Dieu qui leur permit d'implorer la compassion de Dieu.

Dieu récompensa leur confiance en lui. Il révéla le rêve et son interprétation à Daniel dans un rêve (2.19). Ainsi Daniel pu transmettre la révélation divine à Nabuchodonosor (2.24ss). Dieu protégea leur vie et, par eux, la vie de tous les sages. Daniel et, à sa requête, ses trois compagnons furent récompensés par des responsabilités administratives clés (2.48-19).

Le chapitre 2 démontre que Daniel et ses trois compagnons peuvent être appelés « reste fidèle », car ils ont pu échapper au décret de mort de Nabuchodonosor. Ils ont pu y échapper, parce qu'ils ont eu une relation de foi authentique avec Dieu, relation qu'aucun autre sage n'avait (cela semblerait inclure les autres Hébreux qui n'ont pas pris la même résolution que Daniel au chapitre 1). Ils furent les seuls à *pouvoir demander* et à *savoir comment demander* au Dieu du ciel cette requête. La Bible démontre cette relation profonde et sincère au travers de la prière (voire même d'un jeûne) pour recevoir la révélation du rêve (2.17-18), mais

---

araméen est utilisé ici pour exprimer un futur imminent » (cf. la version grecque de l'Ancien Testament). En fait le *waw* peut exprimer une intention. On peut le comprendre en connectant le participe au verbe principal. Nous préférons la traduction suivante : « Le décret fut publié afin que les sages soient tués » (cf. les versions bibliques françaises Darby et Jérusalem).

[33] « Comme le mot araméen *zemān* veut dire "un temps fixé" et qu'il est utilisé ici en combinaison avec la racine verbale *ntn* "donner", le texte original suggère l'idée que Daniel n'a pas demandé pour une période indéfinie mais plutôt pour un rendez-vous avec le roi à ce sujet. Cela démontre encore plus la situation urgente et sérieuse à laquelle les quatre Hébreux faisaient face. » (Zdravko Stefanovic, *op. cit.*, p. 90). Ce délai leur permit de prier Dieu pour recevoir le rêve et son interprétation.

[34] Une version du texte grec lit : *paréngeile nēsteían kaì déēsin kaì timōrían zētêsai parà toû kyríou toû hypsístou*. « Il préconisa jeûne et supplication pour chercher l'aide auprès du Seigneur élevé ».

aussi au travers de la louange et de l'adoration quand Dieu leur révéla le rêve (2.19-23).

En outre, le reste (particulièrement Daniel) n'a jamais usé de cette relation avec Dieu de façon égoïste. Cette relation était suffisamment vraie qu'il ne pouvait qu'en témoigner. Daniel reconnut que le Dieu du ciel leur avait donné cette révélation aussi bien personnellement (quand il le remercia ; 2.20-23) que publiquement (2.27-28, 29b-30 ; cf. 2.11). En témoignant ainsi, il força non seulement l'admiration du roi, mais semble-t-il aussi la reconnaissance du roi pour cette relation unique : « En vérité, *votre* Dieu est le Dieu des dieux, le Seigneur des rois et le révélateur des mystères, puisque *tu* as pu révéler ce mystère » (2.47 ; mon emphase).

La récompense de Dieu pour les quatre fidèles, « le reste », va au-delà de toute mesure. Daniel et ses compagnons auraient pu égoïstement en profiter pour demander une récompense de la part de Dieu. Pourtant, ils ne demandèrent que d'être sauvés de l'édit de mort du roi (2.17-18). Et ils reçurent plus qu'ils n'avaient demandé (puisque Dieu protégea leur vie, et par eux celle des sages), car Dieu nomma ces fidèles pour une vocation plus élevée de témoignage dans le royaume babylonien (2.47-48). Quant à Daniel, il devint le bénéficiaire spécial de révélations divines (2.19)[35].

Daniel 3

Contexte historique. Si, contrairement aux chapitres précédents, le texte n'a pas de marqueur historique[36], il contient un marqueur géographique : « Dans la vallée de Doura, dans la province de Babylone » (3.1)[37]. Nabuchodonosor décida de construire une « statue d'or, haute de soixante coudées et large de six coudées[38] ». Quelle pouvait être la raison d'une telle entreprise ? Le texte

---

[35] Gerhard Hasel, « Who Are the Remnant? », p. 6.
[36] « Le texte grec de la Septante prétend que l'évènement eut lieu au cours de la dix-huitième année de règne de Nabuchodonosor – censée être la même année que la destruction du temple de Jérusalem par les Babyloniens (cf. Jr 52:29) » (Zdravko Stefanovic, *op. cit.*, p. 119). Cf. John Collins, *op. cit.*, p. 176.
[37] « *Doura* est un mot akkadien voulant dire "mur" ou "forteresse" et commun dans la nomenclature géographique de la Mésopotamie » (James Montgomery, *A Critical and Exegetical Commentary on the Book of Daniel*, International Critical Commentary, Edinburgh, T. & T. Clark, 1950, p. 197) ; « Mais nous ne pouvons pas être affirmatifs sur un endroit précis » (Tremper Longman, *op. cit.*, p. 97).
[38] L'historien grec Hérodote (Ve siècle av. J.-C.) rapporte qu'à l'époque de Cyrus, des informateurs locaux lui ont dit qu'« il y avait encore dans ce dôme sacré une statue d'or massif de douze coudées" (Hérodote 1.183) » (Gerhard Pfandl, *op. cit.*, p. 33). De plus, « la référence au chiffre six aurait eu une signification profonde pour le Juif. L'esprit oriental était enchanté par le symbolisme, et le numéro six se classait en tête non seulement pour Israël mais aussi pour d'autres peuples anciens comme les Egyptiens » (Desmond Ford, *op. cit.*, p. 104).

biblique ne laisse pas vraiment d'indices[39]. La statue mise en place, la cérémonie préparée au « son de toutes sortes d'instruments de musique[40] », Nabuchodonosor convoqua « toutes les autorités des provinces, pour qu'elles se rendent à l'inauguration de la statue » (3.2). Puis le roi ordonna que tout homme se prosterne devant la statue sous peine d'être « jeté à l'instant même dans une fournaise ardente » (3.6) et sans aucune possibilité de discussion. Une fois de plus, la vie des trois Hébreux fut menacée.

Interprétation. Ces trois Hébreux[41] firent face au défi avec une foi et un courage formidables. Ils n'avaient aucun endroit pour se cacher, car commandés de se prosterner pour adorer (3.5). Ils connaissaient aussi la peine de mort en cas de désobéissance. Pourtant, ils choisirent de rester debout au milieu de la foule prosternée. Cette foule semble avoir été suffisamment nombreuse puisque Nabuchodonosor n'a pas pu remarquer les trois Hébreux debout.

Leur désobéissance a non seulement été perçue, mais surtout rapportée au roi par certains Chaldéens qui n'hésitèrent pas à accuser ces Juifs (3.8). Motivés vraisemblablement par une « jalousie d'ordre professionnel[42] » et espérant être récompensés par leur acte, ils dénoncèrent cet affront personnel fait au roi : « Or il y a des Juifs, ceux à qui *tu* as remis l'administration de la province de Babylone, Shadrak, Méshak et Abed-Nego, qui ne tiennent aucun compte de *ton* ordre, ô

---

[39] Quelques commentateurs ont souligné un possible évènement historique, notamment William Shea (« Daniel 3: Extra-Biblical Texts and the Convocation on the Plain of Dura », *Andrews University Seminary Studies* 20 (1982/1), p. 29-52). D'anciens documents officiels babyloniens décrivent une rébellion à Akkad dans la dixième année de Nabuchodonosor. « La mutinerie décrite devait être grave, car le texte suggère que le chef de la rébellion est entré dans la salle du trône et a engagé l'empereur dans un combat au corps à corps » (Zdravko Stefanovic, *op. cit.*, p. 119-120). « Les différentes catégories de personnes sur la liste sont des responsables politiques de tout l'empire, ce qui peut indiquer qu'il s'agissait d'une tentative de Nabuchodonosor de consolider son contrôle face à la diversité de son vaste empire » (Tremper Longman, *op. cit.*, p. 98). D'autres commentateurs pensent qu'il a été influencé par la statue de son rêve dans Daniel chapitre 2. « Les sages de son royaume lui proposèrent de faire une image semblable à celle qu'il voyait dans son rêve, et de l'ériger là où tous pourraient voir la tête d'or, qui avait été interprétée comme représentant son royaume » (Ellen White, *The Story of Prophets and Kings*, Boise, Pacific Press, 1957, p. 504). Quelle qu'en soit la raison, Jacques Doukhan souligne la nature de son entreprise : « Le texte suggère que Nebucadnetsar se veut d'une nature éternelle, comme le royaume établi par Dieu, représenté dans son rêve (chapitre 2) par la pierre. Fait significatif, dans la partie araméenne du texte, le même mot, *haqim* (Dn. 2, 44), devient dans le chapitre 3 un mot-clé qui résonne comme un refrain - il apparaît huit fois (versets 1, 2, 3, 5, 7, 12, 14, 18) - pour décrire la construction de la statue. Le royaume de Nabuchodonosor remplace le royaume de Dieu » (Jacques Doukhan, *op. cit.*, p. 44).
[40] Certains noms d'instruments cités n'ont pas pu encore être déchiffrés. Pour aller plus loin, voir Terrence Mitchell, Ray Joyce, « The Musical Instruments in Nebuchadnezzar's Orchestra », in Donald Wiseman, *Notes on Some Problems in the Book of Daniel*, London, Tyndale, 1965, p. 19-27.
[41] Daniel n'est pas ici mentionné dans le texte. Mais on peut penser qu'il se trouvait ailleurs. Car, il aurait certainement suivi ses trois compagnons, comme le démontre le chapitre 7.
[42] Tremper Longman, *op. cit.*, p. 99.

roi ! Ils refusent de servir *tes* dieux et d'adorer la statue d'or que *tu* as dressée ! » (3.12 ; mon emphase).

La réaction du roi ne pouvait qu'être prévisible : Il fut « irrité et furieux » (3.13)[43]. Curieusement, il ne les jeta pas directement dans la fournaise ardente. Il se permit d'abord de les confronter et les menaça encore tout en leur laissant une seconde chance. Il termina son intervention par un appel aussi bien que par une question pleine d'orgueil : « Et quel est le dieu qui vous délivrera de ma main ? » (3.15). En d'autres mots, « vous êtes fous de réagir de cette façon ! »

Leur réponse (3.17-18), qui peut sembler arrogante, démontra un courage et une foi extraordinaires face à leur possible sort. Ils reconnurent – et ainsi rendirent publiquement témoignage – premièrement de l'existence d'un Dieu au-dessus de toutes choses, y compris le roi lui-même. Leur Dieu pouvait donc les sauver ! Mais ils concédèrent que Dieu est le seul qui de façon ultime déciderait de les sauver ou non. Quelle que soit la décision du roi, ils avaient choisi de rester fidèles à leur Dieu, et donc de ne pas adorer la statue d'or.

Le chapitre 3 montre que les trois Hébreux constituent un « reste fidèle », puisqu'ils ne se sont pas laissé tenter par une fausse adoration. Ils savaient qu'ils risquaient la peine de mort pour une telle décision. Ils ont préféré rester fidèles et sincères vis-à-vis de celui seul qui méritait d'être adoré. Ils préférèrent mourir physiquement plutôt que de « tricher » spirituellement. Ils auraient pu simplement se prosterner pour ce qui pouvait être considéré comme un « petit événement ponctuel », et continuer ensuite à adorer leur Dieu. Ils préférèrent s'en remettre à Dieu et à Dieu seul, tout en sachant qu'ils pouvaient mourir.

De plus, l'histoire montre que les trois Hébreux savaient que leur ténacité ne pouvait être comptée comme l'assurance d'une délivrance immédiate par Dieu. Le rôle du reste est d'être résolu dans sa foi. C'est à Dieu de choisir de les délivrer ou de leur accorder sa grâce ou non[44]. Finalement, le reste témoigna du vrai Dieu grâce à leurs actes ainsi qu'à leurs paroles !

Face à une foi aussi extraordinaire, Dieu choisit d'agir de façon extraordinaire à leur égard. Il les délivre malgré une fournaise ardente chauffée sept fois plus que la normale (3.19). « Ils virent que le feu n'avait eu aucun pouvoir sur le corps de ces hommes, que les cheveux de leur tête n'avaient pas été brûlés, que leurs

---

[43] L'expression est un hendiadys (Figure de rhétorique qui consiste à dissocier une expression unique pour en accentuer le sens).
[44] « Il n'a pas délivré Daniel du décret du roi ni de l'horreur d'être jeté vivant dans la fosse aux lions affamés. Au temps du Nouveau Testament, il n'a pas délivré Jean le Baptiste. Et dans les âges ultérieurs, beaucoup de martyrs amenés à périr furent réconfortés en se souvenant que l'un de ceux dont la fidélité avait été attestée par le Christ lui-même avait malgré tout été autorisé à souffrir », Desmond Ford, *op. cit.*, p. 136.

habits n'étaient pas endommagés, et qu'ils ne sentaient même pas le brûlé » (3.27). La délivrance de Dieu ne fut pas seulement une façon de récompenser la fidélité des trois Hébreux, mais surtout de démontrer et témoigner à Nabuchodonosor et à la foule de faux adorateurs qu'il existait vraiment. Il choisit de ne pas laisser seuls les trois Hébreux :

> « Le "reste" fidèle fut rejoint dans la fournaise ardente pour celui qui fit le feu et contrôlait toute la création. Avec étonnement, Nabuchodonosor reconnut qu'un quatrième personnage, divin, était avec eux dans les flammes. Le roi les appela à sortir. Le "reste" était indemne. Dieu intervint dans ce temps de détresse pour démontrer qu'il interviendra dans le temps de trouble en faveur de son "reste" fidèle[45]. »

Daniel 4 et 5

Le chapitre 4 contient l'idée de quelque chose qui demeure après une catastrophe. Dans son rêve Nabuchodonosor vit un arbre très grand, fort, extrêmement large et beau (4.7-9), jusqu'à ce qu'« un saint » (4.10) décide d'abattre l'arbre (4.11). Mais « la souche avec ses racines » doit rester « au milieu de l'herbe des champs » (4.12).

Il est difficile de voir une idée de reste dans ce contexte. Le rêve s'applique seulement et spécifiquement au personnage du roi Nabuchodonosor (4.19). L'ordre de laisser la souche et les racines avertit que le royaume restera entre ses mains et que la royauté subsistera pour Nabuchodonosor (4.23), « jusqu'à ce [qu'il sache] que le Très-Haut est maître de la royauté des hommes, et qu'il la donne à qui il veut » (4.22). Dieu utilise le rêve pour avertir Nabuchodonosor de sa situation spirituelle. Il invite donc Nabuchodonosor à reconnaître qui est le vrai Dieu et ce que ce vrai Dieu continue de faire dans sa vie.

Le chapitre 5 n'exprime pas non plus d'idée de reste. S'il parle de la chute de Babylone entre les mains de Darius le Mède, et même si certains Babyloniens survécurent (Daniel inclus), le centre d'intérêt du prophète est de montrer que le roi Belshatsar a payé pour son arrogance. En touchant aux ustensiles sacrés pris par Nabuchodonosor dans le temple de Jérusalem, il avait tout simplement mis Dieu au défi et il en a subi les conséquences.

Daniel 6

Contexte historique. L'histoire du chapitre 6, contrepartie de l'histoire du chapitre 3[46], ne présente pas, comme c'est le cas du chapitre 3, de marqueur

---

[45] Gerhard Hasel, « Who Are the Remnant? », p. 6.
[46] Certains commentateurs ont montré une structure chiastique entre les chapitres araméens, qui sont eux-mêmes le centre du chiasme trouvé dans le livre de Daniel. Le chapitre 2 est parallèle au

historique. Ces deux chapitres soulignent un problème d'adoration. Comme au chapitre 3, il y a de la jalousie vis-à-vis de Daniel de la part des sages, qui vont le trahir (3.8-12 ; 6.5-6, 13-14). Un décret de mort est promulgué dans les deux histoires. Le reste est menacé de mort s'ils n'obéissent pas (3.4-7 ; 6.7-10). La ténacité de ce reste est à chaque fois démontrée, ce qui conduit ceux qui le constituent à être condamnés à mort (3.16-18 ; 6.11). A chaque fois, Dieu est intervenu par une présence divine (3.24-25) ou par un ange (6.22-23). Dans les deux cas, l'histoire se termine par un nouveau décret incitant à révérer le Dieu du reste fidèle (3.28-29 ; 6.26-28). Enfin, le reste est promu (3.3) ou retrouve sa position de responsabilité (6.29)[47].

Daniel a survécu à la chute de l'empire babylonien. Il devint le personnage le plus important après le roi de l'empire perse (6.2-3). Son statut créa alors de la jalousie parmi d'autres sages qui complotèrent en vue de le tuer (6.4-5). Le roi perse, Darius, flatté par leur conseil à son égard, ordonna par décret un mois d'adoration dédié à sa personne (6.6-9). C'est ainsi que la vie de Daniel fut mise en danger.

Interprétation. Le problème commença avec le caractère exceptionnel de Daniel. Darius[48], le roi perse, plaça toute sa confiance en lui grâce à son « esprit extraordinaire » (6.4). La présence d'un exilé juif, qui avait gravi les échelons de la hiérarchie si rapidement, avait suscité de la jalousie. Les autres sages « ne purent trouver aucun motif d'accusation, aucune erreur, parce qu'il était digne de confiance et qu'on ne trouvait chez lui ni négligence, ni erreur » (6.5). La description biblique de Daniel est tout à fait remarquable[49]. Les sages jaloux préméditaient de trouver quelque chose contre lui dans la loi de son Dieu (6.6).

Quand finalement le décret est annoncé, Daniel ne changea pas ses habitudes. Il pouvait aisément fermer sa fenêtre pendant un mois, ou tout simplement ne pas prier pour rester neutre. Cependant il continua d'ouvrir sa fenêtre trois fois (pas qu'une seule fois !) par jour en direction de Jérusalem pour prier son Dieu, « comme il le faisait auparavant » (6.11). Il décida de rester fidèle comme il l'avait

---

chapitre 7, le chapitre 3 au chapitre 6, le chapitre 4 au chapitre 5. Cf. William Shea, « Further Literary structures in Daniel 2-7: An Analysis of Daniel 4 », *Andrews University Seminary Studies* 23 (1985.2), p. 193-202 ; et *Andrews University Seminary Studies* 23 (1985.3), p. 277-295.
[47] Zdravko Stefanovic, *op. cit.*, p. 214.
[48] Aucune réponse satisfaisante n'a pu être donnée à propos de l'identité de Darius. Pour aller plus loin, voir Raymond Dillard, Tremper Longman III, *An Introduction to the Old Testament*, Grand Rapids, Zondervan, 1994, p. 334-337 ; Herbert Owen, « The Enigma of Darius The Mede: A Way to its Final Solution », *Journal of the Transactions of the Victoria Institute* 74 (1942), p. 72-99 ; Zdravko Stefanovic, *op. cit.*, p. 200 ; Louis Hartman, Alexander Di Lella, *op. cit.*, p. 134-137.
[49] Desmond Ford (*op. cit.*, p. 130-132) le décrit comme « type de la dernière Eglise », mais certainement aussi comme « type du Christ ».

toujours été et laissa le problème dans les mains de celui en qui il avait déjà mis sa foi. Il n'allait pas modifier sa relation avec Dieu (par la prière), juste parce qu'il y avait un décret contre cela. Sa décision fut tout à fait similaire à celle de ses trois amis au chapitre 3.

Le chapitre 6 montre que Daniel constitue un reste fidèle (6.5). Il ne céda pas à la non-adoration de son Dieu, voire même à une fausse adoration pour le roi. Il choisit ouvertement d'adorer *son* Dieu, en dépit des conséquences (être jeté dans la fosse aux lions) ! Il connaissait la peine de mort pour un tel choix. Il choisit de faire sa part et de laisser à Dieu d'agir comme il l'entendrait. Il rendit témoignage en choisissant d'adorer son Dieu (6.11) et en reconnaissant que son salut dans la fosse aux lions n'était dû qu'à Dieu (6.22-23). Nous pouvons assumer aussi qu'il continua d'adorer son Dieu après cela, tout en servant le roi comme il en avait l'habitude.

Dieu lui conféra une position élevée dans l'empire médo-perse et la confiance d'un roi païen. Il récompensa la foi de Daniel en le protégeant dans la fosse aux lions, en fermant la gueule des lions afin qu'ils ne lui fassent pas de mal. La réponse de Daniel à Darius explique la raison de la protection accordée par Dieu en ses circonstances : « Parce que j'ai été trouvé *innocent devant lui* ; et devant toi non plus, ô roi, je n'ai *rien fait de mal* » (6.23). La survie de Daniel est due au jugement d'innocence de Dieu sur lui. Et ce jugement a réjoui Darius. Dieu lui a permis de sortir indemne, sans égratignure, de la fosse aux lions (6.24)[50]. Le fait que Daniel continua de prospérer est aussi certainement dû à Dieu[51].

Résumé des passages historiques

L'idée de « reste » est assurément présente dans les chapitres historiques de Daniel. Comme l'affirme Hasel, « vivant à la fin du royaume de Juda dans les circonstances les plus défavorables, Daniel et ses amis sont un type du "reste" fidèle du temps de la fin qui expérimentera "le temps de trouble" (Dan 12.1)[52] ».

L'« idée » du reste dans les passages prophétiques

Après avoir étudié les passages historiques, c'est au tour des passages prophétiques de Daniel d'être considérés afin de faire ressortir, sans expliquer

---

[50] Le fait que Daniel fut sauvé n'était pas dû au fait que les lions n'avaient pas eu faim. Voir Dn 6.25.
[51] « Nous avons vu le sage hébreu gravir l'échelle politique du prisonnier captif pour devenir successivement sage (ch. 1) chef sage (ch. 2) administrateur de la province de Babylone (ch. 2-3) conseiller personnel du roi (ch. 4) troisième souverain du royaume (ch. 5) premier ministre que le roi lui-même entend, au début du chapitre 6, et enfin être établi sur le royaume entier et il l'a implicitement accompli à la fin du chapitre 6 » (Tremper Longman, *op. cit.*, p. 164).
[52] Gerhard Hasel, « The Remnant in Scripture and the End Time », p. 10.

les visions elles-mêmes, la possibilité d'une « idée » de reste. Le chapitre 7 indique une transition majeure dans le livre, car il n'évoque plus d'histoires de fidélité de Daniel et/ou de ses compagnons. Les passages ici adoptés comme prophétiques (ch. 7-12) rapportent presque entièrement des visions concernant l'avenir. Ces chapitres sont maintenant analysés dans l'ordre chronologique.

Daniel 7[53]

Contexte historique. La vision se passe la première année de Balthasar, roi de Babylone (7.1), vers 550-549 av. J.-C.[54] Daniel vit en rêve une révélation des évènements du futur, sous la forme de quatre bêtes apparaissant chronologiquement (7.2-6). La quatrième bête avait dix cornes sur sa tête, puis avec le temps, apparaît une autre « petite corne » avec des pouvoirs et des capacités spéciales (7.8-11). Cette « petite corne » avait le pouvoir de persécuter le peuple de Dieu (7.20-21).

Interprétation. L'idée de reste peut être trouvée dans la persécution du peuple de Dieu par cette « petite corne. » Daniel nomme ce reste, « peuple des saints du Très-Haut » (7.27 ; cf. v. 18). Et ils seront livrés entre les mains de la « petite corne ». Elle leur fera la guerre et l'emportera sur eux (7.21) pour une période bien définie : « un temps, des[55] temps, et la moitié d'un temps » (7.25). Le reste survivra malgré tout à cette persécution.

Après cela vient une période de jugement, dans laquelle « le vieillard » viendra et s'assiéra (7.9, 22), et avec lui d'autres « juges ». « Et des livres furent ouverts » (7.10). Le jugement ôtera la domination à la « petite corne », « qui sera anéantie et définitivement perdue » (7.26). Le jugement rendra aussi « justice aux saints du Très-Haut, » pour qu'ils puissent être « en possession de la royauté » (7.22). « Le peuple des saints du Très-Haut » héritera d'un royaume éternel (7.18, 22, 27) au travers du « fils de l'homme » qui lui-même l'aura reçu du « vieillard » (7.14).

---

[53] La plupart des commentateurs sont d'accord sur la structure générale du chapitre 7 : (1) introduction (v. 1) ; (2) présentation de la vision (v. 2-14) ; (3) explication de la vision (en deux parties :15-18 et 19-27) ; et (4) une conclusion (v. 28). Cf. Ernest Lucas, *op. cit.*, p. 163.
[54] Gerhard Hasel, « The First and Third Years of Belshazzar (Dan. 7:1; 8:1) », *Andrews University Seminary Studies* 15 (1977/2), p. 153-168. « C'est l'année où Cyrus le Persan vainquit Astyages, son seigneur médian. En d'autres termes, le processus qui a finalement conduit à la disparition de Babylone en tant que centre du pouvoir humain avait commencé et, comme nous le verrons, l'une des principales leçons de ce chapitre est que, bien que le pouvoir humain oppressif semble impossible à conquérir, en particulier pour les vaincus, le pouvoir humain est en réalité temporel » (Tremper Longman, *op. cit.*, p. 180).
[55] Le mot araméen est un dual qui doit être traduit explicitement par « deux temps, » plutôt que par « des temps ».

Si Dieu laissera le reste entre les mains de la « petite corne », il déterminera la période de persécution. Il établira une cour pour le jugement afin d'innocenter son reste et lui donner part à son royaume éternel.

Daniel 8-10

Les trois chapitres suivants ne contiennent pas d'idée de reste. Cette absence peut se comprendre par la difficulté de Daniel à déchiffrer la vision qu'il a eue au chapitre 8 (8.15), d'autant plus qu'il ne l'a pas comprise (8.27). A la fin des chapitres 8, 9 et 10, la(les) vision(s) n'évoque(nt) aucune idée de rédemption ou de jugement en faveur du peuple de Dieu persécuté[56]. C'est seulement quand Daniel put comprendre la vision des chapitres 8, 9, 10 que lui fut révélé « ce qui doit arriver à [son] peuple [le peuple de Dieu] dans la suite des temps » (10.14), vision que Daniel allait décrire dans les chapitres suivants (11.2-12.12).

Le chapitre 10 évoque quant à lui l'idée que Daniel s'est retrouvé seul, et reçut seul une vision (10.7, 8) : « Moi, Daniel, je vis seul la vision ; les hommes qui étaient avec moi ne virent pas la vision, mais ils furent saisis d'une grande frayeur et s'enfuirent pour se cacher » (10.7)[57]. Il n'y a cependant pas l'idée de reste d'une personne/peuple qui survit à une catastrophe ici puisque tous vont survivre la théophanie de la vision.

---

[56] Cette quête de compréhension se focalise sur deux choses : de nouveau une « petite corne » et toutes sortes d'abominations contre Dieu et son peuple (8.9-12), mais surtout une *mar'eh* (traduit par « une apparerence » ou « une vision » (8.15, 16, 26, 27 ; 9.23 ; 10.1, 6, 7, 8, 16, 18) d'un homme et d'une période (2300 soirs et matins).
La vision du chapitre 8 terminée, Daniel fut « plusieurs jours affaibli et malade ». Il fut « atterré à cause de la vision [*mar'eh*] », parce qu'il ne la comprit pas. Quand finalement l'ange Gabriel vint le voir au chapitre 9 pour lui expliquer cette *mar'eh*, là encore aucune explication ne lui sera donnée par rapport au peuple de Dieu. Cela est simplement dû au fait que la *mar'eh* ne concerne que quelqu'un qui a l'apparence d'un homme et la vision d'une période.
Au début du chapitre 10, Daniel nous dit que « cette parole [message reçu aux chapitres 8 et 9] est vraie : il y aura un grand combat [entre la « petite corne » et quelqu'un qui a l'apparence d'un homme pendant une longue période (2300 soirs et matins)]. Il [Daniel] saisit cette parole et comprit la vision [*mar'eh*] » (10.1). Tout le reste du chapitre 10 évoque la venue de cette personne qui a l'apparence [*mar'eh*] d'un homme, Michaël (10.4-9, 16-18). Cette vision de la *mar'eh* à Daniel lui est accordée comme une réponse à sa quête de comprendre (10.12), mais surtout pour l'encourager, lui redonner des forces ou le fortifier (10.17, 18). C'est seulement à partir de cette compréhension de la [*mar'eh*] que Daniel peut désormais comprendre « ce qui doit arriver à ton peuple [le peuple de Dieu] dans la suite des temps » (10.14), vision que Daniel décrira dans les chapitres suivants (11.2-12.12).
[57] « Il y a un parallèle partiel avec ce qui est décrit dans ces versets de la théophanie du Sinaï. A cette occasion, le peuple restait à distance, terrorisé par ce qui se passait sur la montagne (Ex 20.18). Un parallèle encore plus proche se trouve dans l'expérience de Paul sur le chemin de Damas (Ac 9.7) » (Ernest Lucas, *op. cit.*, p. 275).

Daniel 11-12[58]

Contexte historique. Les chapitres 11 et 12 évoquent un marqueur historique : « La troisième année de Cyrus, roi de Perse » (10.1)[59]. La vision est un résumé de la domination perse, puis grecque (11.2-4). Elle brosse ensuite la lutte entre les rois du nord et les rois du sud jusqu'à la fin des temps (11.5-45). Elle décrit alors un temps de détresse qui annonce la venue du grand prince, Michaël (12.1). Dans ce temps de lutte entre les rois du nord et du sud, le peuple de Dieu sera persécuté.

Interprétation. Du fait des difficultés d'interprétation de la vision, nous ne mettrons l'emphase que sur l'idée du reste. Le peuple de Dieu peut être appelé « reste » dans le sens où il est persécuté (11.16, 28, 30-31, 33, 41, 45). Il vit « dans le plus beau des pays » (11.16, 41), et dans une « alliance sacrée » (11.28). Il est question de « ceux qui connaissent leur Dieu » (11.32), « ceux qui...[ont] du discernement » (11.33), « les gens de ton peuple [le peuple de Daniel dans le sens figuratif ou spirituel du terme] » (12.1), le « peuple saint » (12.7).

Certains, cependant, tout en portant le nom de peuple de Dieu ne sont pas toujours fidèles. Ils ne peuvent donc pas appartenir au « reste fidèle ». Daniel les appelle, « hommes violents » (11.14), ceux qui ont « abandonné l'alliance sacrée » (11.30), ou encore « hypocrites » (11.34, Segond 1910).

Ce reste survivra à la persécution (11.32-34). Ils seront « forts » (11.32 ; « fermes », TOB). Ils recevront le discernement spécial de Dieu (11.33 ; 12.3, 10). Leur mission n'est pas seulement d'avoir du discernement pour eux-mêmes (12.3, 10), mais qu'ils « communiqueront l'intelligence à la multitude » (11.33) afin d'amener « la multitude à la justice » (12.3).

A un moment donné de la persécution, le reste sera « un peu secouru » (11.34 ; recevra « un peu d'aide », TOB). Cette persécution s'intensifiera grandement à la fin des temps (12.1). Dieu a un but : la persécution amènera certains à

---

[58] La plupart des commentateurs sont d'accord pour dire que les trois derniers chapitres de Daniel constituent une « unité littéraire » (André Lacocque, *Daniel in His Time*, Columbia, University of South Carolina Press, 1988, p. 73). Les chapitres « 10-12 peuvent être divisés en trois sections principales : une introduction (10.1-11.1), la révélation (11.1-12.4) et un épilogue (12.5-13) » (Ernest Lucas, *op. cit.*, p. 264). Cf. Tremper Longman, *op. cit.*, p. 245 ; Gerhard Pfandl, *op. cit.*, p. 103.
[59] Le marqueur chronologique de 11.1 ne décrit pas le temps où Daniel reçut la vision. Il est connecté avec 10.21 et doit être interprété dans le cadre du chapitre 10. « La date n'est pas destinée à introduire un nouveau chapitre. Il s'agit plutôt d'un coup d'œil en arrière sur un évènement récent [décret permettant aux captifs juifs de Babylone de rentrer à Jérusalem], dont le but est de montrer l'action céleste sous-jacente » (Joyce Baldwin, *Le Livre de Daniel : Introduction et Commentaires*, Paris, Farel/Sator, p. 178).

trébucher (11.34 ; 12.7), mais cela sera surtout pour les purifier, les blanchir et les épurer (12.10 ; 11.34).

Dieu, par Michael, viendra et sauvera ceux qui sont fidèles, ceux dont le nom sera trouvé « inscrit dans le livre » (12.1). Ceux qui seront morts ressusciteront (12.2). Ceux qui constitueront le reste fidèle « brilleront » (12.3). Comme Daniel, ce reste recevra son lot à la fin des jours, « la vie éternelle » (12.13, 2) dans le royaume de Dieu.

Résumé des passages prophétiques

L'idée du reste n'est pas facile à démontrer, mais peut être trouvée dans les passages prophétiques du livre de Daniel. Comme le prophète et ses trois compagnons, le reste fidèle est constitué par ceux qui demeurent fidèles dans la persécution particulièrement lors de la fin des temps. Dieu, comme pour Daniel et ses trois compagnons, récompensera aussi leur fidélité et leur fermeté.

Analyse et conclusion

Cette étude a cherché à examiner scrupuleusement l'idée du « reste » dans le livre de Daniel. Il a été démontré que ce ne sont pas tous les chapitres qui contiennent l'idée de quelqu'un ou de quelque chose qui reste, qui peuvent nous aider à comprendre l'idée du reste. Dans les passages historiques (chapitres 1-6), le reste décrit toujours ceux qui sont fidèles, les vrais disciples de Dieu dans les temps difficiles, d'apostasie et/ou les moments de persécution. Alors que d'autres ont préféré choisir autrement, le reste est composé de ceux qui ont tenu bon parfois même quand leur vie physique était menacée. Ils ont préféré mourir physiquement plutôt que de mourir spirituellement. Ils sont ceux qui ont recherché et ont basé leur vie sur une relation de foi sincère avec Dieu. En restant fidèles, ils sont ceux qui ont témoigné ouvertement de la relation unique qu'ils avaient avec Dieu et d'un vécu de leur foi aussi bien par leurs actes que par leurs paroles.

De plus, l'étude a permis de démontrer que le reste fidèle compte ceux qui ont compris que c'est le choix ou la grâce de Dieu de les délivrer (ou non) quand ils font face à des moments difficiles. Ces chapitres historiques sur le reste fidèle sont les précurseurs de la crise finale dans laquelle le reste eschatologique devra survivre.

Dans les passages prophétiques (chapitres 7-12), il a pu être démontré que « le reste fidèle du temps de la fin est dans la continuité du reste fidèle de tous les temps[60] ». Ils recevront du discernement spécial de Dieu avec pour mission de

---

[60] Gerhard Hasel, « Who Are the Remnant? », p. 7.

communiquer « l'intelligence à la multitude » (11.33) afin d'amener « la multitude à la justice » (12.3). La persécution leur permettra de se purifier. A la fin des temps, après le temps de jugement, Dieu les innocentera, les justifiera. Il les délivrera afin de leur accorder éternellement un héritage dans son royaume.

Finalement, le nom du prophète et du livre porte d'une certaine façon la raison d'être du reste fidèle puisque Daniel signifie « Dieu est mon juge ». « Le mot "juge" est fréquemment utilisé dans la Bible d'une façon positive, dans le sens de "libérateur" ou de "sauveur"[61]. » La relation de fidélité du reste avec Dieu lui permet de faire face à tout. Car pour le reste fidèle, le choix le plus important et le plus déterminé qui est de rester ferme dans leur foi est de connaître et de croire que Dieu est leur juge personnel peu importe les circonstances. Et parce que Dieu est leur juge, par la foi ils choisissent de dépendre totalement de lui et de témoigner pour lui, peu importe ce qu'il décidera.

---

[61] Zdravko Stefanovic, *op. cit.*, p. 56.

Dire sans dire pour contredire. Des paroles paradoxales de Paul dans la deuxième épître aux Corinthiens

Xavier Georges Rousset[1]

Souvent décrié pour un conformisme plus facile à trouver dans les fantasmes de ses détracteurs que dans ses écrits, Paul, à l'étudier de près, laisse deviner un style de pensée, aussi bien que d'écriture qui, aujourd'hui encore, ne laisse pas d'étonner. Qu'un texte si ancien que la deuxième épître aux Corinthiens (2Co), dont nous nous proposons d'aborder quelques aspects ici, puisse surprendre comme s'il avait été écrit la veille, montre non seulement l'immortel génie de son auteur, mais donne à penser, en outre, qu'il y a bien plus, derrière les mots qui le composent, que la simple habileté de l'homme, aussi impressionnante soit-elle. Ainsi, dans un geste littéraire qu'on attendrait davantage d'un représentant du *Nouveau Roman*, Paul, dans le douzième chapitre, conte deux expériences vécues, qui ont la particularité de prendre à contre-pied les attentes d'un lecteur moyen de l'Antiquité, mais aussi, il faut le dire, de l'époque contemporaine. Il explique, en effet, que, quatorze années auparavant, il « fut enlevé au paradis et qu'il entendit des paroles ineffables, qu'il n'est pas permis à un homme d'énoncer » (2Co 12.4). Après cela, il rapporte une prière énoncée trois fois, mais à laquelle Dieu répond par la négative (2Co 12.5-10). En nous penchant sur le premier des deux récits et en particulier sur le verset 4, nous tenterons de découvrir pourquoi.

La nef des fous

Alors qu'elle témoigne jusque-là d'une certaine unité, dans le fond et dans la forme, la deuxième épître aux Corinthiens connaît, à partir du chapitre 10, un brusque changement de ton, ce qui n'a pas manqué d'attirer l'attention des

---

[1] Xavier Georges Rousset (Master en philosophie, Genève 2012 ; Master en théologie, Collonges 2018) travaille actuellement à la Bibliothèque Alfred Vaucher, sur le Campus adventiste du Salève.

commentateurs². Alors que les chapitres précédents présentaient, successivement, la défense de l'apostolat de Paul avec sa réconciliation³, puis sa requête, auprès des Corinthiens et ses justifications théologiques⁴, non sans avoir exposé la satisfaction de l'apôtre, devant la réconciliation opérée⁵, voilà que la section ultime de l'épître expose des émotions plus véhémentes. Cela s'explique sans doute par le fait que l'auteur y vise plus directement les comportements inspirés par ses « adversaires », les « prédicateurs charismatiques itinérants, judéo-chrétiens de tradition (11.22), dont l'autorité se fonde sur les signes miraculeux, les guérisons, les phénomènes extatiques qui jalonnent leur activité (12.1, 11-12)⁶. » Bien que l'apôtre dialogue toujours avec les Corinthiens et non, comme Paul les appelle, les « super apôtres », ces derniers semblent d'autant plus présents dans la discussion qu'ils sont physiquement absents. La dernière section de la lettre montre ainsi un sentiment plus combatif et utilise des armes forgées pour la polémique : des arguments percutants et un ton vif. Ces caractéristiques détonnent, cependant, avec la thèse défendue : *l'autorité de l'apôtre se fonde sur la puissance de Dieu, laquelle s'exprime dans la faiblesse de l'homme.* Paul affirme, conteste, réprimande, mais ce n'est que pour soutenir « un véritable mouvement christologique d'abaissement et d'humilité⁷. » Il faudrait que les Corinthiens s'inspirent d'un apôtre faible et dépouillé, comme lui s'inspire du Christ crucifié⁸. Mais ce n'est pas uniquement par l'exposition de sa thèse que Paul entend frapper le cœur de ses interlocuteurs : son dispositif rhétorique et argumentatif participe pleinement à sa démarche.

Apostolomachie

On peut distinguer une sous-section, de 2Co 11.1 à 12.10, passage que l'on nomme, traditionnellement, le « discours du fou⁹ ». Cela en raison du dispositif

---

² Ernest-Bernard Allo, *Saint Paul. La Seconde Epître aux Corinthiens*, Paris, Gabalda, 1937, p. 238-239 ; Georges Godet, *La Seconde Epître aux Corinthiens*, Neuchâtel, Attinger, 1914, p. 260-261 ; George Guthrie, *2 Corinthians*, Grand Rapids, Baker Academic, 2015, p. 466 ; Jan Lambrecht, *Second Corinthians*, Collegeville, The Liturgical Press, 1999, p. 158 ; Jerome Murphy-O'Connor, *The Theology of the Second Letter to the Corinthians*, Cambridge/New York/Port Chester/Melbourne/Sydney, Cambridge University Press, 1991, p. 10-12, 96.
³ 2Co 1-2.11.
⁴ 2Co 2.12-9.15.
⁵ 2Co 7.5-16.
⁶ Daniel Marguerat, « Paul et l'expérience de Dieu », dans Daniel Marguerat (éd.), *L'aube du christianisme*, Genève/Paris, Labor et Fides/Bayard, 2008, p. 181.
⁷ Philippe Gruson, *La Deuxième Epître aux Corinthiens*, Cahiers Evangile 51, Paris, Cerf, 1985, p. 47.
⁸ Voir 1Co 1.18-25 ; 2.1-5 ; 4.6-13. Voir aussi 2Co 6.1 ; 8.9.
⁹ Jerome Murphy-O'Connor, *op. cit.*, p. 107. Voir aussi Mark Seifrid, *op. cit.*, p. 399-401 ; Daniel Marguerat, *op. cit.*, p. 188-189.

argumentatif qui est mis en œuvre et où les termes « fou », « folie » apparaissent souvent[10]. Paul combat désormais ses adversaires sur leur propre terrain : ils se vantent de leurs connaissances ? il fera de même ; ils se comparent les uns aux autres ? Paul aussi ; ils sont désintéressés ? ne l'est-il pas bien davantage[11]? Paul semble, auprès des Corinthiens, vouloir provoquer un « effet miroir », reflétant la folie des discours de ses adversaires, en étant fou lui-même, ce qui « lui permet de s'infiltrer dans l'argumentation adverse, et d'en faire éclater la structure – concrètement, de ruiner toute recherche de glorification[12]. » Il parodie la prédication de ses adversaires en exposant ses faiblesses, s'en glorifiant même[13] et en se livrant à des « révélations[14] » qui s'avèrent sans contenu, subvertissant au passage les procédés rhétoriques en vigueur et appliqués, bien évidemment et de façon revendiquée, par ses adversaires. La promotion de soi était requise, pour qui voulait convaincre. Car l'un des trois modes de persuasion, dans la rhétorique classique, réside dans le « caractère de l'orateur[15] » et « il y a persuasion par le caractère quand le discours est ainsi fait qu'il rend celui qui parle digne de foi[16]. » « Le caractère [en effet] constitue, pourrait-on presque dire, un moyen de persuasion tout-à-fait décisif[17]. » Bien plus, il en va de la crédibilité de l'orateur, « car nous faisons confiance plus volontiers et plus vite aux gens honnêtes tout bonnement, et même résolument sur les sujets qui n'autorisent pas un savoir exact et laissent quelque place au doute[18]. » Or les sujets dont Paul entretient ses interlocuteurs péloponnésiens laissent bien place au doute, puisque la concurrence d'autres prédicateurs est possible. Mais pour que la prédication de l'apôtre soit reçue, il doit démontrer qu'il remplit les conditions d'*honnêteté*, dont parle le philosophe grec Aristote (384-322 av. J.-C.),

---

[10] 2Co 11.1, 16, 17, 19, 21 ; 12.6, 11.
[11] 2Co 11.7-15.
[12] Daniel Marguerat, *op. cit.*, p. 188-189.
[13] 2Co 11.30.
[14] 2Co 12.1-10.
[15] Wilfried Stroh, *La puissance du discours. Une petite histoire de la rhétorique dans la Grèce antique et à Rome*, Paris, Les Belles Lettres, 2010, p. 151. Le terme traduit par « caractère » se dit, en grec, *èthos* et ressort du vocabulaire éthique : « Il se définit comme le caractère moral que l'orateur doit paraître avoir, même s'il ne l'a pas en fait. Si l'on paraît sincère, sensé et sympathique sans l'être, c'est moralement gênant ; maintenant, si on l'est sans savoir le paraître, ce ne l'est pas moins, car on voue les meilleures causes à l'échec » (Olivier Reboul, *Introduction à la rhétorique*, Paris, Presses Universitaires de France, 1991, p. 60). On voit que l'*èthos* est, pour l'orateur chevronné, une question essentiellement technique. Il est possible que Paul, en rompant l'usage de se mettre en valeur, ait voulu rappeler les Corinthiens à leurs devoirs moraux, avant tout. Les deux autres modes de persuasion sont le *pathos*, terme qui désigne l'ensemble des affects et qu'un bon orateur doit savoir susciter en sa faveur, ainsi que pour mieux faire accepter sa thèse ; et le *logos*, c'est-à-dire les arguments proprement dits du discours (voir Wilfried Stroh, *op. cit.*, p. 151-152 ; Olivier Reboul, *op. cit.*, p. 59-60).
[16] Aristote, *Rhétorique* [1356 a 4-5], Paris, Flammarion, 2007, p. 126.
[17] Aristote, *ibid.* [1356 a 13].
[18] Aristote, *op. cit.* [1356 a 6-9], p. 126.

dans le texte juste cité et, parmi elles, montrer que l'on sait de quoi l'on parle et que l'on est un homme raisonnable, apte à soutenir une discussion rationnelle, autrement dit, la démonstration de cette vertu qu'on appelle *probité intellectuelle*. Seulement Paul, lorsqu'il était au milieu des Corinthiens, ne s'est pas montré « à la hauteur » de ce qu'on pouvait attendre de quelqu'un qui maîtrise son propre discours[19]. Ses paroles ne l'ont pas imposé comme un maître à penser, alors qu'il montrait plus d'audace dans ses lettres. Mais au lieu d'ajuster sa parole à son écriture, Paul ajuste son écriture à sa parole. Il ne donnera pas satisfaction aux Corinthiens, en essayant de se racheter, en hissant son discours oral jusqu'à son discours écrit, pour ainsi dire mais, bien au contraire, il fera « descendre » ses écrits, pour qu'eux aussi témoignent de sa faiblesse. Il entend montrer, par ce procédé, que la force du discours ne réside pas dans l'appareillage technique mis en œuvre, dans son énonciation, mais dans ce qu'il *révèle*, autrement dit, ce n'est pas même le *fond* du discours, qui en fait la valeur, mais *celui qui l'inspire*[20]. Paul, *in fine*, n'argue pas de sa folie, mais d'une sagesse autre, infiniment supérieure à la sienne et à celle de ses adversaires[21]. Dans ce contexte, l'exposé de ses expériences « extraordinaires » a valeur d'argument.

Le verset qui nous occupe s'insère dans une péricope que l'on fait traditionnellement commencer en 2Co 12.1 et que l'on fait poursuivre jusqu'au verset 10, selon les commentaires consultés[22]. Le découpage semble confirmé par le changement de thème : le verset 1 est clairement un verset d'introduction, comme en témoigne la formule d'ouverture : « J'en viendrai aux visions et aux révélations du Seigneur » (v. 1b) ; quant au verset 11, il sonne comme une conclusion et une transition, dans le même temps : « J'ai été déraisonnable : vous m'y avez contraint. En effet, c'est moi qui aurais dû être recommandé par vous » (11a). Paul enchaîne, dans ce dernier verset, avec le problème de sa perte de crédibilité : une autre phase argumentative s'enclenche. 2Co 12.1-10 marque comme un « point d'orgue » dans l'argumentation paulinienne, des chapitres 10

---

[19] Voir les reproches des Corinthiens, auxquels Paul répond en 2Co 10.2, 10.
[20] 2Co 12.9-10, où l'on voit que la révélation que fait Paul n'a pas de valeur en soi, mais n'est significative que parce que le Seigneur y affirme sa puissance, sans même en donner une démonstration effective. Voir aussi Daniel Marguerat, *op. cit.*, p. 196-197.
[21] 2Co 11.16. Voir 1Co 1.18-3.4.
[22] Seuls François Vouga (*op. cit.*, p. 223) et Philippe Gruson (*op. cit.*, p. 53), dans leur plan, font s'achever la section au verset 13, mais il faut noter que leur découpage part d'une perspective plus large. Pour le verset 10, comme fin de la section, voir : Frederick Fyvie Bruce, *I & II Corinthians*, Grand Rapids/London, Eerdmans/Marshall, Morgan & Scott, 1980, p. 176 ; Jean Héring, *La seconde épître de saint Paul aux Corinthiens*, Neuchâtel/Paris, Delachaux & Niestlé, 1958, p. 93 ; Ben Witherington III, *Conflict and Community in Corinth. A Socio-Rhetorical Commentary on 1 and 2 Corinthians*, Grand Rapids/Carlisle, Eerdmans/The Paternoster Press, 1995, p. 459 ; Jan Lambrecht, *op. cit.*, p. 11 ; Georges Godet, *op. cit.*, p. 300-301, 306 ; Ernest-Bernard Allo, *op. cit.*, p. 303 ; Mark Seifrid, *op. cit.*, p. 435.

à 13²³. La spiritualité hellénistique, en effet, était friande d'expériences spectaculaires et l'exposition d'une extase pouvait avoir un fort impact sur les émotions des Corinthiens[24]. Paul relate donc une expérience extatique, puis une prière[25], réitérée deux fois, avec la réponse du Seigneur. Mais plutôt que de s'en servir pour se faire valoir auprès de ses interlocuteurs, qui n'auraient pas manqué d'en être impressionnés, l'apôtre semble se livrer à un véritable « sabordage argumentatif » en précisant, dans le premier cas, qu'il ne peut répéter ce qu'il a entendu et, dans l'autre, que le Seigneur n'a tout simplement pas accédé à sa demande, semblant montrer qu'il le désapprouve. Dans un cas comme dans l'autre, Paul frustre ses interlocuteurs d'une chute attendue, qui aurait démontré sa supériorité d'apôtre ; il force l'inversion des valeurs en vigueur, usant d'ironie, dans la présentation de lui-même[26]. Ce faisant, il ruine l'idée traditionnelle d'*autorité*, qu'implique l'*ēthos* de l'orateur[27], pour la déplacer sur la source de toute puissance, Dieu, qui manifeste sa grâce « dans la faiblesse[28]. »

Le contexte éclairci, nous pouvons entrer plus avant dans l'examen de 2Co 12.4b.

Traduction de la péricope

Nous proposons de 2Co 12.1-5 la traduction suivante :

> ¹*Faire étalage de fierté, il le faut. Bien entendu, cela ne nous servira en rien, [mais] j'en viendrai à des visions et des révélations du Seigneur.* ²*Je sais un homme en Christ, voilà quatorze années, soit dans le corps, soit hors du corps, je ne sais pas – Dieu sait –, cet homme-là se trouve avoir été enlevé au troisième ciel* ³*et je sais cet homme-là, en son corps, sans le corps, je ne sais – Dieu sait –,* ⁴*avoir été enlevé vers le paradis et avoir entendu des dires qu'on ne peut dire et qu'il n'appartient pas à l'homme de*

---

[23] Daniel Marguerat (*op. cit.*, p. 192) parle de « sommet de l'argumentation des ch. 10-13 ».
[24] Daniel Marguerat, *op. cit.*, p. 193 et Ben Witherington III, *op. cit.*, p. 459.
[25] Respectivement, 2Co 12.1-5 et 6-10.
[26] Voir Ben Witherington III, *New Testament Rhetoric. An Introductory Guide to the Art of Persuasion in and of the New Testament*, Eugene, Cascade Books, 2009, p. 129. C'est le même procédé ironique, selon Witherington III, que l'apôtre emploie, dans 2Co 11.32-33 où, plutôt que de se présenter en conquérant des villes, qui abat leur muraille, il raconte comment il a longé cette même muraille, descendu dans une corbeille, pour s'enfuir. Selon le même auteur, c'est une allusion à la « couronne murale », décernée au premier soldat romain qui avait franchi la muraille d'une ville, lors de sa conquête. Sur ce dernier point, voir aussi Edouard Cothenet, *Paul, serviteur de la nouvelle Alliance selon la seconde épître aux Corinthiens*, Paris, Cerf, 2013, p. 27.
[27] Voir Michel Meyer, *Principia Rhetorica. Une théorie générale de l'argumentation*, Paris, Fayard, 2008, p. 152-153.
[28] 2Co 12.9.

prononcer. ⁵Sur celui-là, je placerai ma fierté ; sur moi-même, je ne placerai pas ma fierté, sinon dans les faiblesses.

Notre traduction appelle quelques remarques.

Au verset 1, nous avons préféré traduire *symphéron* par « cela ne nous servira en rien » (i.e. « il ne m'est pas nécessaire » ; Castellion), « ce n'est [...] pas bon » (Crampon), « c'est bien inutile » (TOB), « c'est inutile » (NBS), ou « cela ne vaut rien » (BJ). Il y a, en effet, dans le terme grec *symphērō* une petite nuance collective[29], amenée par le préfixe *sym* et bien que le terme grec soit impersonnel, nous avons essayé de la traduire par la première personne du pluriel. Nous avons aussi employé le futur, afin de marquer le caractère absolument illusoire des procédés que Paul dénonce.

Au verset 2, plutôt que « je connais un homme » (Crampon ; BJ ; TOB ; NBS), nous avons suivi Castellion et opté pour le verbe savoir, afin de signaler que Paul utilise le même verbe (*éïdō*) que dans la suite du passage.

Nous avons pris le parti d'être le plus neutre possible, dans notre traduction, au verset 4, du terme *éxon*, que nous avons rendu par « il n'appartient pas ». Le verbe *éxéïmi*[30] signifie « partir » sans indication de destination. A l'impersonnel, sous la forme *éxéstin*[31], il exprime l'idée de permission. Le mot, pris isolément, ne permet pas de trancher s'il s'agit d'une possibilité « légale[32] », « morale[33] », ou « logique[34] ». Ainsi, dans notre passage, puisque le terme est précédé de la particule de négation *ouk*, tournant la permission en interdiction, nous n'avons pas voulu, dès maintenant, orienter la compréhension, sachant qu'il s'agira justement de la déterminer, tâche qui va nous occuper bientôt. Le terme *lalēsaï* provient du verbe *laléō*[35]. Ce terme peut signifier émettre un simple son[36], ou émettre des sons articulés, parler[37]. Le contexte pousse à adopter ce deuxième sens, pour la traduction : nous ne voyons pas ce que Paul aurait pu vouloir dire, dans le cas contraire.

---

[29] Voir « *symphérō* », dans Frederick William Danker (éd.), *A Greek-English Lexicon of the New Testament and Other Early Christian Literature. Third Edition (BDAG)*, Chicago/London, The University of Chicago Press, 2000, p. 960.
[30] « *éxeimi* », dans BDAG, p. 347.
[31] « *éxestin* », dans BDAG, p. 348-349.
[32] Mc 6.18 ; Ac 16.21 ; 22.25.
[33] Mc 2.24 ; Lc 6.2 ; 1Co 10.24.
[34] Ac 2.29.
[35] « *laléō* », dans BDAG, p. 582-583.
[36] Jn 12.29 ; Hé 12.24 ; Ap 10.4.
[37] De loin, l'emploi le plus fréquent, voir par exemple : Mt 9.33 ; Mc 7.37 ; Lc 4.41 ; Jn 4.26 ; 1Co 14.29 ; 1Tm 2.16 ; Ap 13.5.

La nature des « dires » : une parole ésotérique ?

Il importe, pour entrevoir la portée des propos de Paul, dans 2Co 12.4b, de discerner le sens de l'expression qu'on y trouve : « [des dires] qu'il n'appartient pas à l'homme de prononcer ». Voyons d'abord ce qu'en disent les commentateurs. Nous pouvons les répartir en trois catégories[38] : ceux qui sont d'avis que l'apôtre[39] a entendu des dires qu'un tiers lui a défendu de répéter[40], ceux qui pensent que ces dires n'ont pas fait l'objet d'une interdiction explicite, mais qu'ils sont impossibles à reproduire[41] et ceux, enfin, qui soutiennent les deux opinions à la fois[42]. Comme l'écrasante majorité des commentateurs consultés, qu'ils soient de la première catégorie ou de la troisième, soutient qu'une interdiction a été formulée par un tiers[43], nous allons nous pencher sur cette thèse. De la détermination du sens de ce fragment de verset, en effet, dépend la suite que nous aurons à donner à cette recherche. Si Paul s'est vu interdire de répéter quelque chose qu'il *pourrait divulguer*, alors son silence prend une toute autre valeur que s'il lui est *impossible de le reproduire*. Dans un cas, il obéit à des impératifs de préservation d'un secret qui lui est réservé : il détient un *savoir véritable*, mais dans une perspective ésotérique, doit se garder d'en faire état. Dans l'autre cas, son *silence* est signifiant par lui-même, car il marque son impuissance devant la révélation qui lui a été faite, il appelle donc une interprétation spécifique, quand il n'est qu'un aboutissement logique, dans le premier cas. Nous devons ainsi, pour tenter de découvrir la solution de cette difficulté, examiner de près les raisons avancées par les commentateurs. Mais une première complication se présente, qui est le manque d'intérêt manifeste

---

[38] A vrai dire, il y en a une quatrième, occupé par un seul commentateur et qui ne se prononce sur aucune des trois solutions (encore qu'il semble nourrir de vagues sympathies pour la première) : Jan Lambrecht, *op. cit.*, p. 201.

[39] On pourrait croire, puisque Paul parle à la troisième personne du singulier, que le sujet de l'expérience qu'il relate est un autre. Or, il semble que « la distance prise à l'égard du moi extatique » soit un motif courant, dans les récits des « ascensions célestes, que pratiquent les visionnaires apocalyptiques » (Daniel Marguerat, *op. cit.*, p. 168 ; voir aussi Daniel Marguerat, « Paul le mystique », *Revue théologique de Louvain* 43 (2012), p. 483). Daniel Marguerat, cependant, ne donne pas d'exemple et nous n'avons pu, nous-même, en découvrir aucun, dans la littérature extra-biblique. Cela dit, il importe peu, pour notre étude, que Paul ait été ou non le véritable sujet de l'expérience qu'il raconte. Il suffit de considérer qu'il assume le contenu de son récit. Par commodité, nous partons du principe que cet homme, dont Paul parle, c'est bien lui.

[40] Jerome Murphy-O'Connor, *op. cit.*, p. 118 ; Mark Seifrid, *op. cit.*, p. 442-443 ; Daniel Marguerat, « Paul et l'expérience de Dieu », p. 193-195, « Paul le mystique », p. 477, 484 ; Jean Héring, *op. cit.*, p. 94-95 ; Ben Witherington III, *Conflict and Community in Corinth*, p. 461.

[41] Ernest-Bernard Allo, *op. cit.*, p. 303 ; Philippe Gruson, *op. cit.*, p. 53.

[42] Frederick Fyvie Bruce, *op. cit.*, p. 247 ; Georges Godet, *op. cit.*, p. 316-317.

[43] Que ce « tiers » soit un être céleste, une tradition, un texte ou Dieu lui-même, n'a, en l'occurrence, aucune importance. Le verset montre clairement, cela dit, qu'il ne s'agit pas d'une auto-censure, de la part de Paul.

pour la question des paroles entendues, chez les auteurs consultés, avec la tendance, parfois, à considérer que la question ne se pose même pas et à affirmer sa thèse sans la soutenir par un argumentaire abouti. Nous devons par conséquent nous efforcer de reconstruire une argumentation, à l'aide des indices que les auteurs consultés ont laissés.

Georges Godet, l'unique commentateur qui donne des arguments pour soutenir que Paul a entendu des paroles indicibles *et* qu'il lui a été interdit de les répéter, avance l'idée que la subordonnée dont nous nous occupons ici est « l'épéxégèse » de ce qui précède. Autrement dit, chez Paul, « il n'appartient pas à l'homme de prononcer » commente et explique l'expression « des dires qu'on ne peut dire », ce que nous accordons volontiers. Mais Godet est plus difficile à suivre, quand il en déduit l'interdiction par un tiers, précisant « que ce serait une profanation de la part de celui qui les a ouïes de les répéter[44] ». Il établit une comparaison entre cette dernière expression paulinienne et d'autres semblables, dans la littérature grecque païenne et dans les religions à mystère[45]. Cette thèse et la raison qui l'accompagne, laissent une impression étrange. Outre qu'on peine à comprendre quel sens il y aurait à interdire à quelqu'un de répéter ce qui ne peut l'être, le rapprochement avec le paganisme nous semble hasardeux. Non que Paul n'ait pu connaître le fond culturel païen, ce serait même plutôt l'inverse[46], mais qu'il en ait repris les idées à son compte est déjà plus douteux. Car si l'on peut soupçonner que la communauté de Corinthe ait été fortement tentée par des conceptions étrangères à l'Evangile, Paul, lui, n'a jamais prêché une religion

---

[44] Georges Godet, *op. cit.*, p. 316.
[45] Il donne comme exemple Sophocle (*Œdipe à Colonnes* et *Ajax*), sans indiquer les références et les religions à mystère. Concernant ces dernières, Mary Beard, John North, Simon Price (*Religions de Rome*, Paris, Picard, 2006, p. 240) citent une définition de Walter Burckert (historien des religions allemand : 1931-2015) des culte à mystères : « Les mystères étaient des rites d'initiation de caractère volontaire, personnel et privé qui cherchaient à obtenir un changement de mentalité à travers l'expérience du sacré. » Burckert lui-même donne une autre définition, quelque peu différente, dans *Les cultes à mystère dans l'Antiquité* (Paris, Les Belles Lettres, 2003, p. 10) : « Les mystères sont des cérémonies d'initiation, des cultes dans lesquels l'admission et la participation dépendent de quelque rituel propre, à accomplir sur le candidat. Le secret et, dans la plupart des cas, une mise en scène nocturne accompagnant cet exclusivisme. » On voit que des points communs peuvent être établis avec le christianisme primitif, qui pouvaient et peuvent encore induire en erreur l'observateur non averti : le caractère volontaire et personnel, certains aspects rituels, etc. Mais de notables différences les séparent néanmoins irrémédiablement, dont la moindre n'est pas le caractère secret et exclusif des cultes à mystère : le christianisme se voulait accessible à toute personne (voir Mt 28.19-20 ; Ac 1.8 ; Rm 10 ; etc.). Quant aux différences qui séparent la religion grecque du christianisme, elles sont nombreuses et évidentes. Toutefois, on consultera à ce propos, avec profit, Yves Lehmann (éd.), *Religions de l'Antiquité*, Paris, Presses Universitaire de France, 1999.
[46] Pour la connaissance de Paul de la culture grecque et des religions à mystère, voir Norbert Hugedé, *Saint Paul et la culture grecque*, Genève, Labor et Fides, 1966, p. 71-75. Voir aussi Jerome Murphy-O'Connor, *Histoire de Paul*, p. 13-16.

à mystère, moins encore la religion grecque, jusqu'à preuve du contraire[47]. Certes, la littérature apocalyptique juive, que Paul pouvait difficilement ignorer[48], fait état d'expériences comparables à celle de l'apôtre[49], mais les mystères qui s'y exposent ont trait à l'organe de la vue[50] et ils semblent parfaitement racontables, puisqu'ils sont racontés. Le privilège accordé ne consiste donc pas en l'obtention d'un secret intransmissible, mais dans l'enlèvement et dans le dévoilement de mystères à partager ensuite. Il n'y a ainsi aucune base contextuelle, au contraire de ce que voudrait Godet, qui soutiendrait les propos de Paul et on ne peut, soit dans la littérature païenne, soit dans la littérature juive, trouver aucun modèle qu'il aurait suivi intégralement, dans sa relation, dans l'état actuel de nos connaissances. L'argument n'est donc pas concluant et échoue à convaincre du bien-fondé de la thèse selon laquelle Paul aurait entendu des paroles indicibles *et* qu'il lui aurait été interdit de les répéter.

Deux auteurs développent une argumentation, ou un début d'argumentation, pour soutenir que Paul a entendu des paroles interdites. Le premier, Mark Seifrid[51], part du principe que puisque l'expérience concerne des paroles, elles doivent être intelligibles, donc interdites à la répétition. Ces révélations placent Paul bien au-dessus de ses adversaires Corinthiens, mais il se distingue des prophètes qui ont eu des visions à raconter, et se place plutôt du côté de ceux

---

[47] Il est, à ce titre, significatif qu'un spécialiste des cultes à mystères tel que Walter Burckert, dans des conférences données à Harvard, en 1982, se sente régulièrement obligé de mettre en garde contre l'assimilation du christianisme primitif à une religion à mystère (voir *op. cit.*, issu de ces conférences : p. 5-6, 10, 32, 35-36, 51-52, 57, 58, 72, 98-100).

[48] Au contraire de Godet, qui écrit bien avant (1914) la découverte des écrits de Qûmran (1946). Sur le lien entre 2Co 12.1-5 et la littérature apocalyptique juive, voir Daniel Marguerat, « Paul et l'expérience de Dieu », p. 168.

[49] André Dupont-Sommer, Marc Philonenko (éd.), *La Bible. Ecrits intertestamentaires*, Paris, Gallimard, 1987 : I Hénoch XXXIX : 3-8 (p. 472-473) ; LII : 1-4 (p. 521-522) ; LXXI : 1-12 (p. 550-551) ; II Hénoch III-XXIII (p. 1175-1188) ; LXVII : 1-3 (p. 1213) ; III Baruch II-XVI (p. 1149-1164) ; *Testament de Lévi* II : 5-VIII : 18 (p. 836-845) ; *Vie grecque d'Adam et Eve* XXXVII (p. 1790-1791). Pour un équivalent chrétien, composé très certainement après 2Co, voir *Ascension d'Isaïe* 6-11, dans François Bovon, Pierre Geoltrain (éd.), *Ecrits apocryphes chrétiens I*, Paris, Gallimard, 1997, p. 524-545 (il est à noter qu'en 7.24-26 [p. 530], l'ange qui transporte le prophète précise que rien de notre monde n'est jamais nommé au troisième ciel, mais c'est en raison de l'infirmité du monde, comme pour éviter que les résidents du paradis ne se souillent les lèvres ; en 11.36-40 [p. 544-545], Isaïe fait jurer de ne pas révéler le contenu apocalyptique de ses visions au peuple d'Israël, car il faut que les temps s'accomplissent et qu'alors on les lise). Pour quelques développements, sur le ravissement (apocryphe) d'Hénoch, voir Jean Daniélou, *Les saints païens de l'Ancien Testament*, Paris Seuil, 1956, p. 62-72.

[50] Ou de l'odorat, une fois, dans *II Hénoch* VIII : 4 (trad. André Vaillant, Marc Philonenko, dans André Dupont-Sommer, Marc Philonenko (éd.), *La Bible. Ecrits intertestamentaires*, p. 1177), où l'arbre de la vie dégage une « odeur indicible ».

[51] Mark Seifrid, *op. cit.*, p. 442-443.

qui parlent en langue et qui prononcent des mystères[52] dans leur esprit (il fait référence à 1Co 14.2). Il conclut que, finalement, ce qu'il a vécu devrait être le lot de tout chrétien. Considérer qu'une parole est nécessairement intelligible, comme le fait Seifrid, est en effet la thèse la plus évidente et celle qui vient le plus spontanément à l'esprit. Mais, en vérité, Seifrid ruine son propre argument, en assimilant Paul à ceux qui parlent en langues, puisque l'apôtre précise, ailleurs[53], que celui qui connaît ce genre d'expérience, s'il s'édifie, n'est pas nécessairement capable de retranscrire ce qu'il dit en langue vulgaire, ni même de le saisir avec son intelligence. S'il est donc possible de prononcer des paroles à soi incompréhensibles, comment serait-il exclu d'en simplement entendre ? L'association parole/intelligibilité n'est par conséquent pas tenable, dans ce contexte. Ceux qui parlent en langues ont besoin de prier pour interpréter ce qu'ils disent, non pas pour avoir la force morale de garder le secret, problème qui n'est d'ailleurs jamais soulevé par Paul. Cela rend la thèse de Seifrid peu convaincante, à notre sens.

Le deuxième commentateur, Ben Witherington III[54], affirme que comme les Corinthiens comprenaient ce genre de révélations de Paul en termes de religion à mystère, leur énonciation rehaussait l'apôtre. Or, nous avons déjà vu, au paragraphe précédent, que le recours aux religions à mystère n'aidait pas à comprendre la nature de l'expérience de Paul. Si nous le mentionnons encore ici, c'est pour montrer le manque de clarté qui préside au débat qui nous mobilise. L'argumentation de Witherington III n'est pas convaincante, car l'analogie avec les religions à mystère qu'il propose reste de toute façon trop vague. Par conséquent, ses affirmations ne nous semblent pas justifiées. Quant au rehaussement de l'apôtre aux yeux des Corinthiens, l'étude du contexte de 2Co 12.1-5 fournit plusieurs raisons de douter que ce soit une réalité, actuelle ou visée par Paul, car il ne donne pas le contenu de la révélation, s'exposant facilement à l'accusation de mensonge et chacun sait qu'un menteur avéré, ou simplement de réputation, même dans l'Antiquité, a de la peine à imposer son autorité[55]. Dans

---

[52] La distinction entre la contemplation, qui se nourrit de la vision et la mystique, davantage liée à la connaissance de mystères, voire à une connaissance de nature ésotérique, occupera longuement les auteurs, surtout chrétiens, de la fin de l'Antiquité et du Moyen-Age. Pour une revue de ces auteurs et une discussion de cette question, qui ne nous occupera pas, dans ce travail, avec des références à la péricope paulinienne que nous étudions, voir Frédéric Nef, *La connaissance mystique. Emergences et frontières*, Paris, Cerf, 2018, p. 231-242.
[53] 1Co 14.13-16.
[54] Ben Witherington III, *Conflict and Community in Corinth*, p. 461.
[55] Nous redonnons, quelque peu augmenté, le texte d'Aristote qui appuie ce fait, toujours d'actualité : « Il y a persuasion par le caractère [de celui qui produit un discours] quand le discours est ainsi fait qu'il rend celui qui parle digne de foi. Car nous faisons confiance plus volontiers et plus vite aux gens honnêtes […] le caractère constitue, pourrait-on dire, un moyen de persuasion tout-à-fait décisif. » Aristote, *op. cit.* [1356a 4-13], p. 126.

tous les cas, les raisons avancées sont trop faibles pour emporter l'adhésion et nous n'en voyons pas d'autres qui justifieraient la thèse selon laquelle Paul aurait bénéficié d'un savoir ésotérique.

Paul a-t-il entendu des paroles impossibles à reproduire ?

Soutenant que l'apôtre aurait entendu des paroles ineffables, nous rencontrons le père Ernest-Bernard Allo, qui identifie le terme grec *arreta*[56] comme emprunté à la langue des mystères. Il cite en référence Hermas[57], qui écrit au deuxième siècle[58] et qui relate une vision analogue. Paul n'aurait pu comprendre les paroles entendues, de par les limites de l'intelligence humaine. L'argumentation, malheureusement, n'est pas plus développée que celles des auteurs précédemment examinés. Nous croyons, cependant, qu'Allo s'est plus approché du sens original des propos de Paul que ses collègues. Tout d'abord, nous constatons que les Pères de l'Eglise ont interprété 2Co 12.4b comme une affirmation sur les limites du langage humain et non comme une interdiction de nature ésotérique. Les seuls gnostiques dont on sait quel intérêt ils avaient à déceler dans les Ecritures une « philosophie » ésotérique, l'ont fait, mais tardivement, au IIIe siècle de notre ère, dans la seule *Apocalypse de Paul*. Les Anciens et cela inclut naturellement les auteurs juifs et chrétiens, devaient avoir, nous en formulons l'hypothèse, une distinction cruciale à l'esprit, de manière plus ou moins consciente, tout comme l'apôtre Paul. En ce temps où la science n'avait pas encore introduit le concept de *lois de la nature*[59] et où il était

---

[56] Souvent traduit par « ineffables », mais peut aussi désigner des choses saintes, qu'il ne faut pas répéter (« *árrētos, on* », dans BDAG, p. 134). Il semble, cependant, que le seul usage biblique qui soit fait de ce terme se trouve justement dans 2Co 12.4b.
[57] Vis. I, 3, 3. Hermas (IIe siècle), *Le pasteur*, Paris, Cerf, 1968, p. 85 : « Ce discours fini, elle [la vieille femme en habits resplendissants] me dit : "Veux-tu m'entendre lire ? –Oui, dis-je, oui, Madame." Elle dit : "Fais bien attention et écoute les louanges de Dieu." J'entendis de grandes choses, des choses admirables, mais je n'ai pu en garder le souvenir : toutes ces paroles donnent le frisson, l'homme n'a pas la force de les supporter. Les dernières cependant je me les rappelle : elles étaient à notre portée et douces. » La femme représente l'Eglise.
[58] Sans doute rédigé autour de 140 de l'ère vulgaire (voir l'introduction, par Robert Joly, au *Pasteur*, p. 14, qui précise que l'œuvre a été antidatée et fautivement attribuée à l'Hermas de Romains 16.14, par Origène d'Alexandrie).
[59] Il faut, pour éviter toute confusion, indiquer une autre distinction, qui disjoint les *lois de la nature*, de la *loi naturelle*. Les premières concernent les rapports mesurables régissant le « monde physique ». C'est à partir des travaux du savant italien Galilée (1564-1662) et, surtout, de l'anglais Isaac Newton (1643-1727), que cette notion sera dégagée de ses atours philosophiques, qui mêlaient spéculation et observation et ignoraient l'expérimentation, dont les principes et potentialités théoriques n'avaient pas encore été découverts (voir Jean Beaujeu, « Vue d'ensemble », dans René Taton (éd.), *La science antique et médiévale, des origines à 1450. Livre II : La science hellénistique et romaine*, Paris, Presses Universitaires de France, 1994, p. 318-320 ; Robert Lenoble, Yvon Belaval, « La révolution scientifique du XVIIe siècle », dans René Taton (éd.), *La science moderne, de 1450 à 1800*, Paris, Presses Universitaires de France, 1995, p. 214-216). La seconde, la *loi naturelle*, concerne la morale et la

encore largement admis que la divinité elle-même produisait ou engendrait les éléments naturels, l'action de Dieu, ou des dieux, pouvait fournir une explication aux phénomènes. Pour un penseur comme Paul, qui se réclamait indubitablement de la pensée hébraïque, le cosmos ne pouvait avoir pour origine que la Parole de Dieu[60], mais toutes les paroles que Dieu prononçait n'avaient pas la même portée. Ainsi, lorsque Dieu disait : « Qu'il y ait de la lumière ![61] », il ordonnait à un élément du monde d'exister, ce qui provoquait instantanément son existence. Quand il disait, par contre : « Tu pourras manger de tous les arbres du jardin ; mais tu ne mangeras pas de l'arbre de la connaissance de ce qui est bon ou mauvais[62] », il énonçait une prescription qui ne pouvait devenir effective qu'avec le concours de ceux à qui elle s'adressait[63]. Ainsi, nous postulons que les Pères, aussi bien que les gnostiques, devaient considérer que le sens de « il n'appartient pas à l'homme de prononcer » se rattache au premier type, plutôt qu'au deuxième : Paul a entendu des choses pour lesquelles Dieu n'a pas accordé de compétence mimétique à la langue humaine, à moins qu'il ne les ait retirées[64].

Les propos de Paul lui-même semblent conforter la thèse défendue ici. Premièrement, on ne voit pas bien pourquoi l'apôtre se prévaudrait de détenir un savoir secret, si ce n'est pas pour donner au moins une idée du contenu. Le contexte, en particulier les versets qui suivent l'extrait étudié (2Co 12.6-10), le voient insister sur sa faiblesse et sur l'inconsistance de la puissance humaine. Affirmer, dans pareille situation, que l'on détient un savoir ésotérique

---

politique et est « une législation supérieure à toutes les lois écrites de la cité, intangible et sacrée qui, quoique non écrite, [s'impose] à l'homme afin de guider sa conduite dans le droit chemin » (Simone Goyard-Fabre, « Loi (-de nature) », dans Sylvain Auroux (éd.), *Encyclopédie philosophique universelle II : les notions philosophiques. Dictionnaire, tome 1, Philosophie occidentale : A-L*, Paris, Presses Universitaires de France, 1990, p. 1506).

[60] Voir Gn 1-2.3.
[61] Gn 1.3.
[62] Gn 2.16b-17a.
[63] On peut d'ailleurs remarquer que dans la suite du verset de Gn 2.17, qui dit : « Car le jour où tu en mangeras, tu mourras », se trouve une parole descriptive et non plus prescriptive. Cela signifie que la mort est une simple conséquence de l'acte de manger du fruit défendu, puisque l'homme n'y peut rien. La tromperie du serpent (Gn 3.4-5) consiste à faire croire le contraire : il affirme que l'homme peut dominer la mort et, ainsi, qu'il n'y a pas de limite, tout au moins potentiellement, à sa puissance. Or, la mise en place de l'arbre de vie, avec l'arbre de la connaissance du bien et du mal, au milieu du jardin (Gn 2.9), marquait la nécessité pour l'homme d'accepter le don de Dieu (l'arbre de vie) et la limite de sa puissance (l'arbre de la connaissance du bien et du mal). Cet état de fait a été énoncé par Dieu, en Gn 2.16-17, et contredit par le serpent, un peu plus loin (voir André Wénin, *L'homme biblique. Lectures dans le premier Testament*, Paris, Cerf, 2004, p. 51-54). L'enjeu consiste donc à savoir à quelle parole se fier : celle de Dieu ou celle du serpent.
[64] La parole de Dieu ne prodigue pas seulement des capacités, elle peut aussi les retirer. C'est ainsi que Dieu raccourcit la durée de la vie humaine, dans Gn 6.3. Il s'agit d'un exemple supplémentaire d'une parole instauratrice et non prescriptrice.

reviendrait à se contredire et à ruiner sa propre argumentation. Certes, il parle de « montrer de la fierté[65] », mais c'est avec un ton polémique et ironique. Il parle aussi d'être un « homme déraisonnable[66] », or se vanter de détenir ce qui est interdit à l'autre pour se rehausser, c'est plutôt se montrer raisonnable, en tout cas éminemment rationnel, par la mise en œuvre d'une stratégie d'autojustification. Il nous apparaît donc peu probable qu'il ait pu parler d'une connaissance interdite. Deuxièmement, ce n'est pas la première fois qu'il évoque la possibilité de paroles dont le sens échappe aux auditeurs. Dans 1 Corinthiens 14, il évoque le parler en langues. Cette faculté est donnée à l'homme pour sa propre édification[67], mais présente la particularité d'être inintelligible pour les auditeurs[68] et même, semble-t-il, pour le locuteur[69]. Les paroles proférées sont, en effet, des mystères. On ne saurait conclure, sur la base de ce que Paul déclare, que le parler en langue s'assimile aux paroles qu'il entend au « paradis[70] ». Mais on peut tout de même affirmer que Paul admet qu'il existe des paroles inaccessibles à l'entendement humain. De là, un simple raisonnement analogique, couplé à un argument *a fortiori*, nous permet d'inférer l'existence, chez Paul, de paroles imprononçables avec une probabilité suffisante, pour emporter notre adhésion.

Que ce soient les « dires » entendus lors de son extase, ou le « parler en langues[71] », les expressions employées par l'apôtre dressent clairement une analogie entre le contenu de la perception et ce qu'il est convenu d'appeler une *langue naturelle*. Par cette dernière expression, il faut entendre *un système de signes comportant son mode d'emploi, c'est-à-dire, sa grammaire, sa syntaxe et son orthographe et dont l'origine et les développements s'expliquent par l'histoire, donc par des causes (et non par un projet, comme c'est le cas des langues artificielles, ou symboliques telles que la logique formelle ou les mathématiques)*. La ou les langues inconnues dont il s'agit seraient

---

[65] 2Co 12.1.
[66] 2Co 11.16.
[67] 1Co 14.4.
[68] 1Co 14.2.
[69] 1Co 14.13-14.
[70] Mark Seifrid (*op. cit.*, p. 442-443) et Edouard Cothenet (*op. cit.*, p. 27-28) rapprochent le parler en langues des paroles entendues au « paradis », sans se prononcer. Il faut dire que Paul ne donne pas suffisamment de détails pour permettre un rapprochement complet, et une différence assez significative les sépare : dans un cas, les paroles sont prononçables, quoiqu'inintelligibles, dans l'autre, elles ne semblent pas même reproductibles.
[71] L'expression *lalōn glōssē* (« parlant en langues ») convient à un langage quelconque, par lequel on se fait comprendre de son interlocuteur ; mais le verbe *laleō* peut aussi désigner le fait d'émettre des sons inarticulés (Hé 12.24 ; Jn 12.29 ; voir « *laléō* », dans BDAG, p. 1166 ; *glōssa* désigne l'organe de la parole, la langue [Lc 16.24 ; Mc 7.33 ; 1P 3.10], un langage [Ac 2.6 ; Rm 14.12 ; Phm 2.11], ou une langue inconnue des hommes [1Co 12.10, 28, 30] ; voir « *glôssa, ēs, é* », dans BDAG, p. 201-202). Le premier sens est à préférer en raison du contexte. 1Co 14.9-10, en effet, donne clairement à entendre qu'il s'agit bien d'une langue, mais qui n'est simplement pas comprise.

comme des *langues naturelles* d'un type inouï. Mais s'il existe une langue telle que, d'une part, un auditeur humain ne puisse la comprendre et que, d'autre part, elle puisse être prononcée correctement[72] par un locuteur humain et que si ce locuteur, qui pourtant la prononce correctement, peut ne pas la comprendre, alors il peut exister une langue audible par un auditeur humain, mais à lui incompréhensible.

Il se profile, maintenant, une difficulté qui ressort directement de nos conclusions : si Paul ne peut reproduire ce qu'il a entendu au « paradis », c'est qu'il n'a sans doute pas compris ce qu'il a entendu. Mais s'il n'a pas compris, comment peut-il les qualifier de « dires », comme d'une langue articulée ? Il y a là un paradoxe.

Paradoxe

Que Paul affirme avoir entendu des choses qu'il n'est pas possible d'énoncer est paradoxal. Il semble, en effet, raisonnable de postuler que l'apôtre a dû percevoir que les « dires » entendus au « paradis » étaient porteurs de suffisamment de sens, pour les qualifier de « paroles ». Pour qu'il en soit bien ainsi, il faut soupçonner que quelque chose a été reçu, qui soit de l'ordre du langage, donc de l'échange. L'apôtre, dans 2 Corinthiens 12.1-5, ne dit rien de ce qu'il a pu répondre, s'il a répondu quelque chose. Le texte ne fait pas du tout état d'un dialogue et, à le parcourir, l'impression ressort que Paul est demeuré passif. Les termes qu'il emploie, cependant, sont sans équivoque : la perception dont il a été le sujet est auditive et l'objet de la perception, les sons entendus, tiennent du registre du langage et non de celui de la musique, ou du simple bruit. Il a donc compris quelque chose mais, et c'est là le plus surprenant, il ne peut rien en dire, car ces paroles sont *ineffables*. Lorsqu'un locuteur parle dans une langue incomprise d'un auditeur, par analogie, l'auditeur peut déduire qu'il s'agit d'un langage articulé, dont il ignore les termes et les règles. Mais c'est parce qu'il constate aussi que ce qui en est l'origine est un être humain et que le rythme, le débit, les accents mis ici ou là, etc. lui rappellent une ou des langues qu'il connaît déjà. Dans l'expérience de Paul, rien de tel, puisqu'il n'en peut rien dire, pourtant il sait que ce sont des « paroles », des « dires ». Là réside ce qu'il est convenu d'appeler un *paradoxe, par quoi il faut entendre un raisonnement qui se fonde sur des*

---

[72] C'est ce que sous-entend, à notre avis, 1Co 14.2, qui donne l'idée d'une espèce de dialogue. Le problème que Paul soulève, dans le passage qui encadre ce verset, n'aboutit pas à une condamnation du parler en langue, ni à sa qualification de galimatias. Il dit plutôt que la langue inconnue n'édifie que celui qui la prononce, parce qu'il la prononce, mais ne saurait édifier les autres membres de l'assemblée, qui n'y comprennent rien et ne sont pas non plus en situation extatique. Dès lors, une démarche spirituelle légitime se transforme en spectacle grotesque. Voir Christophe Senft, *La première Epître de Saint Paul aux Corinthiens*, Genève, Labor et Fides, 1990, p. 174-180.

prémisses évidentes, ou au moins acceptables, mais qui présente une conclusion, obtenue par une procédure correcte, absurde ou choquante[73]. Or, dans le cas qui nous occupe, nous partons des prémisses suivantes : 1) Paul sait ce qu'il dit (il n'affabule pas, ni ne prend ses désirs pour la réalité) ; 2) Paul ne ment pas ; 3) autant que faire se peut, Paul utilise un langage approprié à son propos. Nous nous retrouvons ainsi avec des sons perçus par l'apôtre, selon 2 Corinthiens 12, qui sont des « paroles », puisqu'il les reconnaît comme telles, mais qui n'en sont pas, puisqu'il ne peut pas les retranscrire, même par une description approximative[74]. Mais, plus étrange encore, nous voyons une argumentation paulinienne se déployer d'abord pour mobiliser ensuite tous les outils à sa disposition à produire une contraction, pour ainsi dire, une implosion du discours, un refus de Paul de mener son récit jusqu'à son terme « naturel ». Pour saisir le sens d'un tel échec volontaire, il faut nous souvenir que l'auteur de l'épître n'est pas en position didactique, mais polémique ; il n'informe pas ses interlocuteurs d'une expérience vécue par lui, afin de les édifier, il les reprend tout en polémiquant contre ses adversaires[75].

Conclusion : Paul nous nargue

Si l'on reconnaît l'homme à ses amis, on ne le connaît vraiment qu'à ses ennemis ; ainsi du pharaon pour Moïse, qui le révéla comme homme de Dieu et conducteur de peuple ; ainsi des autorités de Jérusalem, qui dévoilèrent le fils de charpentier et maître juif comme Fils de Dieu, bien mieux que ne surent le faire ses propres disciples, qui l'auraient plutôt vu roi d'une poignée de privilégiés et non Sauveur de tous les hommes ; ainsi de ses adversaires pour Paul qui, à la faveur des

---

[73] Voir Robert Nadeau, « Paradoxe », dans *Vocabulaire technique et analytique de l'épistémologie*, Paris, Presses Universitaires de France, 1999, p. 464 ; Joseph Vidal-Rosset, *Qu'est-ce qu'un paradoxe ?*, Paris, Vrin, 2004, p. 9.

[74] Il nous est toujours possible, en effet, de donner une description approchante de ce qui est radicalement nouveau. Si l'on veut décrire, par exemple, le goût du litchi à quelqu'un qui n'en a jamais goûté, on peut dire, avec toutes les réserves qui s'imposent, que cela ressemble à du raisin même si, au fond, cela n'a rien à voir. Chez Paul, le fait de ne pas pouvoir parler du tout de ce qu'il a entendu marque l'étrangeté radicale de l'objet de la perception et pose la question de la possibilité de le percevoir, mais laisse encore une grande perplexité sur ce que Paul a pu *comprendre*, de ce qu'il a entendu.

[75] La portée du paradoxe que nous avons relevé dans ce texte dépasse d'ailleurs de loin la simple controverse qui opposait Paul aux Corinthiens et aux « super apôtres ». L'usage qui est fait du langage, dans 2Co 12.1-5, remet en question la logique classique, binaire, qui n'admet pour une phrase qu'elle soit vraie ou fausse uniquement. Il est possible alors d'analyser le verset 4 avec un outil de logique non standard, en vue de faire ressortir la nature du paradoxe que présentent les mots de Paul et d'en tirer les conséquences sur notre connaissance des *réalités spirituelles*, ainsi que sur les limites et possibilités du langage théologique. C'est ce que nous nous sommes efforcés de faire dans notre mémoire de *Master*, soutenu à la Faculté adventiste de théologie en juin 2018, dont est en grande partie issu le présent article et disponible en ligne, auquel nous nous permettons de renvoyer : www.archivesadventistes.net/EN/BAV/MEM/2018_Rousset.pdf.

oppositions qu'il rencontra dans la communauté de Corinthe, eut l'occasion de faire savoir à la postérité qu'outre le missionnaire éloquent et zélé que Luc dépeignit dans les Actes, il était un penseur profond et radical, aussi bien qu'un étonnant mystique. En l'espèce, il nous livre, avec le verset 4b de 2Co 12, une parole dont ses lecteurs premiers, guère plus que les suivants, n'ont dû savoir que faire, au milieu d'un récit, puis d'un autre qui le suit, une sorte d'anti enseignement, si l'on peut dire, ou un enseignement qui vise à ne rien nous apprendre et peut-être à nous faire oublier ce que nous savons (croyons savoir). Nous savions que la Bible comportait maints passages choquants, aussi bien pour nos conceptions morales spontanées[76], que pour notre vision du monde qui, aujourd'hui, prend le fait scientifiquement établi pour base interprétative[77]. Désormais, avec les développements pauliniens de 2 Corinthiens, c'est notre sens élémentaire de la logique qui est mis en péril, comme l'a été celui des correspondants et adversaires de Paul. Ce dernier, en effet, a fait bien autre chose que transgresser, par maladresse ou indifférence, les procédés rhétoriques requis par les règles de politesse et d'honnêteté de son époque, il a été bien plus qu'un simple provocateur.

Il ne faudrait pas prendre, cependant, de tels procédés pour de la provocation gratuite. L'ironie qui perce sous les propos paradoxaux de Paul témoigne d'un texte qui résiste aux appropriations frauduleuses d'un lectorat pressé, en quête de formules doctrinales toutes faites et faites tout entières, pour servir de munitions. En combattant sur le terrain des « super apôtres », tout en refusant leurs méthodes, Paul se réserve le choix des armes, qu'il fera servir à des fins autrement plus nobles. Car c'est aussi cela, être témoin du Christ : contredire ses contemporains et jusqu'à son époque tout entière, s'il le faut, afin que l'on sache que le discours d'Eglise doit servir les hommes, non les asservir, et que la Parole du Dieu vivant représentera toujours infiniment plus qu'un simple arrangement de mots.

---

[76] Par exemple, pour les nombreuses guerres racontées au long de l'Ancient Testament, l'Ecriture fait l'objet de reproches récurrents, y compris de la part de croyants.
[77] En ce sens, les miracles opérés dans les évangiles apparaissent comme évidemment choquants.

Le don de prophétie dans l'Ecriture et dans l'Histoire

Le Campus adventiste du Salève a eu le privilège d'accueillir et de coorganiser un colloque sur *Le don de prophétie dans l'Ecriture et dans l'Histoire* en juin 2018. Ce colloque était l'occasion du lancement du livre *Don de prophétie. Une réflexion biblique et historique* (Dammarie-lès-Lys, Vie et Santé, 2018), traduction du livre en anglais édité sous la direction d'Alberto Timm et de Dwain Esmond (*The Gift of Prophecy in Scripture and History*). Plusieurs des intervenants de ce colloque international étaient d'ailleurs des auteurs de ce livre collectif dont les communications sont donc accessibles dans l'ouvrage en question. Mais le colloque collongeois a été l'occasion d'autres regards sur le sujet. Ces contributions sont publiées dans les pages qui suivent.

A l'occasion de ce colloque, une déclaration de consensus a été adoptée par les participants, dont voici le texte.

Déclaration de consensus

Du 22 au 24 juin 2018, un colloque sur le don de prophétie a eu lieu sur le Campus adventiste du Salève de Collonges, en France, avec un accent particulier sur la manifestation moderne du don de prophétie dans la vie et le ministère d'Ellen White (1827-1915). Nous, les participants à cet événement, adoptons la déclaration de consensus suivante :

1. Nous réaffirmons notre plein engagement envers la Bible en tant que seule règle de foi et de vie.

2. Nous reconnaissons que la Bible a promis que l'Esprit Saint accorderait des dons spéciaux à l'Eglise chrétienne, à travers les âges, la conduisant vers « l'unité de la foi » et « la plénitude du Christ » (Ep 4.11-14).

3. Nous réaffirmons que l'un des dons spirituels est le don de prophétie, et nous exprimons notre confiance que Dieu a béni son Eglise du reste des temps de la fin avec ce don (Apocalypse 12.17 ; 19.10).

4. Nous réaffirmons que la puissance du Saint-Esprit s'est manifestée dans la vie et le ministère d'Ellen White. Véritable prophète, ses écrits sont inspirés et aident les enfants de Dieu à être fidèles à la Bible et à ses enseignements.

5. Nous réaffirmons que les écrits d'Ellen White ont la même autorité prophétique aujourd'hui qu'à l'époque de son ministère prophétique. Lorsque nous interprétons les écrits d'Ellen White, nous devrions considérer tous ses écrits liés à un sujet donné, en étudiant le sens de ses mots dans leurs contextes historique et littéraire. Nous reconnaissons aussi que dans tout ce processus, nous avons besoin d'être guidés par le Saint-Esprit.

6. Nous réaffirmons que les principes énoncés dans les écrits d'Ellen White sur le mode et le style de vie adventiste, y compris la réforme de la santé et l'éducation globale, sont pertinents et nécessaires pour nous aujourd'hui.

7. Nous réaffirmons que les sermons doivent être basés sur les Ecritures, en tenant compte de la contribution des écrits d'Ellen White.

8. Nous réaffirmons que la mission de l'Eglise et ses méthodes d'évangélisation doivent être fondées sur des principes bibliques solides et s'inspirer des écrits d'Ellen White. Il est de notre responsabilité d'atteindre et d'engager les nouvelles générations, dont les questions et les défis exigent des approches novatrices, afin de rendre le ministère prophétique d'Ellen White pertinent.

9. Nous réaffirmons notre engagement à lire et à étudier quotidiennement la Bible, en nous enrichissant des écrits d'Ellen White, et à encourager les autres à faire de même.

10. En tant qu'adventistes du septième jour, nous réaffirmons notre engagement inconditionnel envers la Bible en tant que Parole de Dieu et notre acceptation des écrits d'Ellen White comme divinement inspirés, qui nous aident à comprendre la Bible et à appliquer ses principes à toutes les dimensions de la vie chrétienne.

Collonges-sous-Salève, le 24 juin 2018

Le don de prophétie dans les lettres de Paul

Richard Lehmann[1]

Le don de prophétie a joué un rôle déterminant dans l'histoire du salut. Dans l'Ancien Testament, les prophètes occupent une place importante et leurs écrits couvrent plus de la moitié du texte. Dans le Nouveau Testament, peu sont nommés. Le livre des Actes des apôtres mentionne le prophète Agabus[2] et signale que les filles de l'évangéliste Philippe prophétisaient[3]. A cela était aussi appelé Jean, l'auteur de l'Apocalypse[4] et d'autres avec lui[5], dont deux mystérieux témoins[6]. Mais la rareté des noms ne signifie pas que le don prophétique n'ait pas été répandu. Bien au contraire. Paul mentionne ce don dans ses trois listes des dons spirituels[7] et réserve à l'usage de ces dons de longs paragraphes. Les raisons de ces développements est aisé à découvrir. Elles sont de deux ordres : (1) le don de prophétie s'exerce selon certaines règles en raison de l'objet même du don. Il n'a pas pour but principal d'annoncer l'avenir mais d'édifier l'Eglise. Ainsi, par exemple, Jean-Baptiste, refuse de se faire appeler prophète bien qu'il annonce la venue du Messie[8]. (2) La seconde raison est qu'il y a de prétendus prophètes qui méritent d'être démasqués. Ils prétendent être inspirés par l'Esprit de Dieu mais leur enseignement est mensonger[9]. Jean

---

[1] Richard Lehmann, docteur ès sciences religieuses, est professeur émérite en théologie systématique et en Nouveau Testament de la Faculté adventiste de théologie, à Collonges-sous-Salève (France).
[2] Ac 21.10, 11.
[3] Ac 21.9.
[4] Ap 10.11.
[5] Ap 22.9.
[6] Ap 11.3.
[7] Rm 12.6 ; 1Co 12.10 ; Ep 4.11.
[8] Jn 1.21.
[9] 1Co 1.3.

rejoint l'apôtre Paul quand il rapporte les paroles angéliques disant que le Seigneur est le Dieu des esprits des prophètes[10].

L'importance accordée à la prophétie par les auteurs sacrés nous oblige, en quelque sorte, à considérer la place qu'elle peut occuper en sein de l'Eglise adventiste, cela d'autant que nous reconnaissons en Ellen White un authentique don de prophétie. Nous nous limiterons pour la circonstance aux écrits pauliniens.

Nous commencerons par examiner l'existence de la contrefaçon prophétique, puis la façon dont Paul a exercé son ministère prophétique, et en troisième lieu les cadres dans lesquels ce ministère particulier est appelé à s'exercer. Nous proposerons des applications pratiques en conclusion.

Paul et les faux prophètes

L'apôtre Paul s'est montré tout au long de son ministère soucieux de l'unité de l'Eglise. Il s'attendait à ce que l'Eglise soit confrontée à de faux prophètes aux influences ravageuses. En effet, il a averti les anciens d'Ephèse en leur disant :
> « Après mon départ s'introduiront parmi vous des loups féroces qui n'épargneront pas le troupeau » et il a ajouté pour préciser : « D'entre vous-mêmes se lèveront des hommes qui diront des choses perverses[11], pour entraîner les disciples à leur suite » (Ac 20.29-30).

Paul était convaincu que la propagation d'enseignements pernicieux par de prétendus illuminés pouvait écarter les croyants de la foi véritable. Il avait déjà lui-même l'expérience du pouvoir de ces personnages ayant été accusé à Jérusalem par, je cite : « des faux frères, des intrus qui s'étaient introduits parmi nous, pour épier la liberté que nous avons en Jésus-Christ avec l'intention de nous asservir » (Ga 2.4). Aux Galates encore il écrit : « Il y a seulement [parmi vous] des gens qui vous troublent et qui veulent pervertir la bonne nouvelle du Christ » (Ga 1.7).

Paul dénonce donc de faux prophètes qu'il appelle des loups ravisseurs ou des faux frères qui ne viennent pas de l'extérieur de l'Eglise mais qui se produisent à l'intérieur. D'ailleurs, sa première expérience de missionnaire en compagnie de Barnabas a été de rencontrer Bar-Jésus appelé aussi Elymas qui, selon Actes 13.8, cherchait à détourner de la foi le proconsul de l'île de Chypre. Pour le qualifier, Luc emploie le même terme que l'Apocalypse pour le troisième monstre et l'appelle un « prophète de mensonge » (Ac 13.6)[12].

---

[10] Ap 22.6.
[11] *Diastephō*, tordre, tourner de travers. Au participe parfait passif : « ayant été tordues ».
[12] Ac 13.6 *pseudoprophetēs*. Cf. Ap 19.20.

Pour interrompre son action maléfique, l'apôtre n'y va pas par quatre chemins. Rempli d'Esprit saint, il « le fixa et dit : Toi qui est plein de toute sorte de ruse et de perfidie, fils du diable, ennemi de toute justice, ne cesseras-tu pas de détourner les voies du Seigneur qui sont droites » (Ac 13.10). Et l'homme devint physiquement ce qu'il était spirituellement, c'est-à-dire aveugle.

Les écrits de Paul ne sont pas des sommes théologiques du genre de celle de Karl Barth, ou de Thomas d'Aquin. Ce sont des écrits en situation, des écrits de combat qui l'amènent à instruire, encourager, édifier l'Eglise. Il écrit pour ramener les troupeaux et parfois les brebis qui s'égarent, et pour fortifier ceux et celles qui défaillent, parce qu'il y a dans les Eglises des prédicateurs itinérants ou des fortes personnalités qui font des expériences spirituelles particulières et les donnent aux autres comme référence de vérité.

Paul donne donc dans ses écrits des critères pour reconnaître le vrai du faux prophète.

Paul un prophète

Ce n'est pas que Paul soit opposé à l'enseignement prophétique. Bien au contraire. Bien que son titre préféré soit celui d'esclave de Jésus-Christ, ou qu'il se dise aussi apôtre tout comme Pierre et Jacques, Paul laisse filtrer la conscience qui est la sienne de remplir un rôle prophétique.

En effet, lorsqu'il écrit aux Galates que Dieu l'a mis à part dès le ventre de sa mère pour révéler son Fils « pour que je l'annonce comme une bonne nouvelle parmi les non-juifs » (Ga 1.15-16), Paul renvoie ses lecteurs à la vocation du prophète Jérémie à qui Dieu a dit : « Avant que je ne te façonne dans le ventre de ta mère, je t'avais distingué, avant que tu ne sortes de son sein, je t'avais consacré : je t'avais fait prophète pour les nations » (Jr 1.5)[13]. Le prophète Jérémie est non seulement prédestiné dès le ventre de sa mère à être prophète, mais prophète des nations.

Si le prophète Jérémie fait référence à une audition, l'apôtre Paul affirme avoir eu une vision dans laquelle Dieu lui déclare : « Va ; moi je t'enverrai au loin, vers les non-juifs... » (Ac 22.21).

---

[13] La Septante emploie le même terme grec que Paul pour parler des nations païennes ou non-juives (*ethnē*).

Paul a donc bien conscience d'avoir été prédestiné, comme le prophète Jérémie dès avant sa naissance pour être prophète des nations[14].

Pour expliciter la nature de son ministère prophétique, Paul emploie dans sa première épître aux Corinthiens deux métaphores, celle de la plantation et celle de la construction[15]. Ce faisant, il assimile sa vocation à celle du prophète Jérémie que Dieu a établi « pour bâtir et pour planter » (Jr 1.10). Certes, Jérémie avait aussi à déraciner et à démolir, mais avec la résurrection de Jésus, ce temps est passé. Paul estime avoir maintenant reçu autorité de la part de Dieu « pour construire et non pour démolir » (2Co 13.10)[16].

Paul n'est donc pas contre le ministère prophétique, d'autant qu'il se sent lui-même animé par l'Esprit de Dieu[17].

Or bâtir, construire, est exactement, pour Paul, la clef du ministère prophétique. Il écrit en 1 Corinthiens 14.3 : « Celui qui parle en prophète... parle aux humains : il construit, il encourage, il réconforte. » La corrélation entre le ministère prophétique et la vocation de Paul fait bien aussi de lui un prophète, même s'il ne s'attribue pas ce titre.

La nature du ministère prophétique

Cette remarque nous introduit tout naturellement dans le sujet de la nature du ministère prophétique.

Un ministère d'autorité

Dans sa correspondance avec les Corinthiens, Paul se voit confronté à un désordre engendré par le parler en langues. Aussi, dès le chapitre 12 de sa première épître il situe le ministère prophétique par rapport au don des langues. Il déclare : « Dieu a placé dans l'Eglise premièrement des apôtres, deuxièmement des prophètes, troisièmement des maîtres » (1Co 12.28). Le verbe grec (*tithēmi*) traduit par « placé » a pour sens premier « poser, mettre debout ». Il peut se traduire, au regard d'une fonction : établir, instituer.

Le prophète est donc appelé à exercer dans l'Eglise un ministère d'autorité, il doit servir de référence. Dieu a établi, institué dans l'Eglise des prophètes. Si Paul attribue à cette vocation une telle importance c'est parce que les trois

---

[14] Pour plus de détails sur la vocation de Paul en lien avec Jérémie, lire Max-Alain Chevallier, *Esprit de Dieu et paroles d'hommes. Le rôle de l'Esprit dans les ministères de la parole selon l'apôtre Paul*, Neuchâtel, Delachaux et Niestlé, 1966, p. 33-48.
[15] 1Co 3.5-9 pour la plantation et 1Co 3.10-16 pour la construction.
[16] Voir aussi 2Co 10.8. Cf. Max-Alain. Chevallier, *op. cit.*, p. 34.
[17] « Moi aussi je pense avoir l'Esprit de Dieu » (1Co 7.40).

ministères qu'il mentionne sont des ministères d'enseignement : apôtre, prophète, docteur, et que, pour Paul, la foi se doit d'être fondée sur un enseignement juste et fidèle.

Si donc le ministère prophétique est un ministère d'autorité, c'est parce qu'il est aussi un ministère d'enseignement.

Un ministère d'enseignement

L'enseignement prophétique est pour Paul un enseignement de référence. On peut se confier à cet enseignement autant qu'à celui des Ecritures. Il le dit fermement à son disciple Timothée : « L'injonction que je te confie, Timothée, mon enfant, selon **les messages de prophètes** énoncés précédemment à ton intention, c'est que, **t'appuyant sur eux**, tu mènes le beau combat » (1Tm 1.18). Timothée doit donc exercer son ministère pastoral en s'appuyant sur l'enseignement des prophètes. C'est d'ailleurs à un message prophétique que Timothée doit sa vocation. « Ne néglige pas – dit-il à Timothée – le don de la grâce qui est en toi et qui t'a été accordé par **un message de prophète**, avec l'imposition des mains du collège des anciens » (1Tm 4.14).

Comme tout enseignement, le message des prophètes se doit de suivre certaines règles, car il y a aussi, nous l'avons vu, des faux prophètes (*pseudoprophetēs*) qui se disent envoyés par Dieu mais qui n'ont d'autre autorité que celle qu'ils s'attribuent eux-mêmes en vertu de leurs raisonnements fondés sur la sagesse humaine[18] et non sur la révélation.

C'est pourquoi le prophète doit exercer son ministère selon **l'analogie de la foi**. Paul écrit en effet aux Romains : « Nous avons des dons différents de la grâce, selon la grâce qui nous a été accordée : si c'est de parler en prophètes, que ce soit dans la logique de la foi » (Rm 12.6).

Le terme grec *analogia*, traduit par « logique » ou « analogie », fait référence à une règle, une mesure, un rapport mathématique de proportion[19]. Les exégètes se sont interrogés sur la nature de cette règle de base à laquelle le prophète doit se soumettre.

En effet, comme le dit Franz Leenhardt, « le prophète n'est pas l'homme des prédictions, mais de la prédication qui insère la Parole de Dieu dans l'existence

---

[18] 1Co 1.20, 21.
[19] Platon, *Timée*, 31.c ; 32c. (cf. Emile Chambry (éd.), *Platon, Sophiste, Politique, Philèbe, Timée, Critias*, Paris, Flammarion, 1969, p. 413).

d'une communauté, qui donne des mots d'ordre concrets et précis[20] ». Il doit enseigner en se référant à une règle précise.

> 1. Pour Franz Leenhardt, cette règle est la mesure de la foi que Dieu lui a donnée en partage (Rm 12.3). Le prophète « ne doit pas exercer son ministère en y ajoutant du sien, en continuant à parler alors qu'il n'a plus rien à dire de la part de l'Esprit[21] ».
>
> 2. Pour d'autres, comme Rudolf Bultmann, la foi en question peut aussi être la bonne nouvelle de la foi (Ga 1.23). Paul peut employer *pistis* (foi) dans le sens d'une norme, d'un principe, et parler de « la loi de la foi » (Rm 3.27). Il désigne par ce terme le message chrétien, la doctrine partagée[22]. Dans ce cas, le prophète ne doit pas aller au-delà de ce que dit le message évangélique, nous dirions aujourd'hui, de la révélation biblique.
>
> 3. Une telle lecture nous introduit dans un troisième sens. La révélation biblique étant portée par l'Eglise, le prophète ne doit pas aller au-delà de la foi partagée par la communauté croyante[23]. Le prophète exerce au sein de l'Eglise et n'y introduit pas des enseignements ou des exhortations contraires à la Parole révélée telle que l'Eglise la partage. Dieu a déjà parlé, c'est pourquoi « les esprits des prophètes sont soumis aux prophètes » (1Co 14.32).

Pour les apôtres, et en particulier pour l'apôtre Paul, la référence à l'Ecriture est déterminante. Luc, disciple de Paul, ne manque pas de rappeler que Jésus lui-même faisait référence à l'Ecriture alors même qu'il aurait pu s'appuyer sur l'autorité de sa résurrection[24].

Paul, en effet, est confronté à des personnages qui prétendent avoir eu des révélations particulières. Le parler en langues et le prophétisme étaient choses communes dans le paganisme. L'expérience extatique que pouvaient connaître certains Corinthiens pouvait aussi bien être celle de l'Esprit comme purement divinatoire[25]. Il évoque ce fait dans sa lettre aux Corinthiens :

---

[20] Franz Leenhardt, *L'Epître de saint Paul aux Romains*, Neuchâtel, Delachaux et Niestlé, 1957, p. 174.
[21] *Ibid.* p. 175.
[22] Rudolf Bultmann et Artur Weiser, article « Foi », in Gerhard Kittel (éd.), *Dictionnaire biblique*, Genève, Labor et Fides, 1976, p. 82.
[23] Voir le développement de Ernst Käsemann, *Commentary on Romans*, Grand Rapids, Eerdmans, 1980, p. 337-341.
[24] Lc 24.27, 45.
[25] « Ce qui montre bien que Dieu a donné la divination à l'homme pour suppléer à la raison, c'est qu'aucun homme dans son bon sens n'atteint à une divination inspirée et véridique [...] C'est pourquoi la loi a institué la race des prophètes pour juger des prédictions inspirées par les dieux. » Platon, *Timée*, 71e, b.

« Pour ce qui concerne les pratiques spirituelles, je ne veux pas, mes frères, que vous soyez dans l'ignorance. Vous savez comment, quand vous étiez des non-Juifs comme les autres, **vous étiez entraînés et dévoyés vers des idoles muettes**[26]. »

C'est la raison pour laquelle Paul privilégie le ministère prophétique par rapport au don des langues. L'expérience prophétique n'est pas incoercible, irrépressible. Elle est consciente, réfléchie, maîtrisable. Comme Ellen White qui parlait avec l'ange ou avec Jésus. Comme Daniel ou Jean qui questionnaient l'ange révélateur. Le ministère prophétique s'exerce donc dans l'écoute et le partage avec les autres prophètes[27].

Paul donne donc à la révélation antérieure à la sienne une autorité référentielle. Lui-même se soumet à la tradition prophétique[28], et son message est parsemé de formules dogmatiques traditionnelles[29], d'hymnes[30] et de confessions liturgiques[31] partagées par les Eglises.

On peut donc considérer à propos du ministère prophétique que :

1. Ce n'est pas un ministère auto-proclamé, mais un ministère reconnu par l'Eglise.

2. Son enseignement vise à affirmer l'Eglise dans la Parole de Dieu.

3. Son enseignement doit être conforme à la Révélation et sa conformité est confirmée, vérifiée par l'Eglise.

Un ministère constructif

Pour Paul, le prophète ne représente pas seulement une autorité touchant à la foi partagée par l'Eglise, il contribue aussi à son ordonnancement, à sa discipline.

En effet, nous l'avons dit, si la fonction prophétique, selon 1 Corinthiens 14.3 consiste à encourager ou exhorter, à réconforter, sa première tâche est de **construire** l'Eglise.

Dans le chapitre 14 de l'épître aux Corinthiens, Paul ne cesse de le répéter : « Celui qui parle en langue se construit lui-même ; celui qui parle en prophète construit l'Eglise » (v. 4). Au verset suivant : « Celui qui parle en prophète est

---

[26] Littéralement : de la façon dont vous étiez menés, vous étiez entraînés (1Co 12.1).
[27] Cf. 1Co 14.29, 30.
[28] Cf. 1Co 15.3, 4.
[29] Ga 1.4 ; 2.20 ; 1Tm 2.6 ; Tt 2.14.
[30] Ph 2.6-11 ; Col 1.15-20.
[31] Rm 10.9 ; 1Co 12.3.

plus grand que celui qui parle en langues, à moins que ce dernier n'interprète, pour que cela contribue à la construction de l'Eglise. » Et enfin au verset 12 : « Vous aussi, puisque vous aspirez aux manifestations de l'Esprit, cherchez à y exceller, mais pour la construction de l'Eglise. »

Qu'est-ce donc que ce ministère de construction ? Il a, me semble-t-il, un rapport avec le métier de **maçon**.

Tout d'abord en ce qu'il s'aligne au **projet de Jésus** qui a dit : « **Je construirai mon Eglise** » (Mt 16.18). C'est important. Le prophète n'est pas un électron libre. Il ne partage pas tout ce qui pourrait lui passer par la tête. Il se réfère à Jésus-Christ et s'inscrit dans son schéma. Dans le contexte de Matthieu 16, le futur employé par Jésus est un futur continu. Il ne passe pas les clefs de la maison à Pierre pour s'en aller ailleurs mais il garde l'initiative. Le récit du livre des Actes des apôtres en est la meilleure preuve. C'est l'Esprit saint, l'Esprit de Jésus qui dirige la mission.

S'inspirant du maçon, Paul construit donc **sur le fondement** qu'est Jésus-Christ[32]. L'œuvre de la construction est essentiellement une œuvre de Dieu, et le prophète se réfère au contremaître pour accomplir sa mission. Le fondement n'est pas du béton, mais c'est le Christ ressuscité, toujours vivant, toujours agissant. Surtout, le Christ Seigneur Dieu. Celui qui porte le nom au-dessus de tout nom et devant lequel tout genou fléchira dans le ciel et sur la terre.

La construction de l'Eglise reste et demeure une œuvre divine. Paul le dit en 1 Corinthiens 3.5-9 :

> « Qu'est-ce donc qu'Apollos ? Qu'est-ce que Paul ? **Des serviteurs**, par l'entremise desquels vous êtes venus à la foi, selon ce que le **Seigneur a accordé** à chacun. Moi, j'ai planté, Apollos a arrosé, mais c'est **Dieu qui faisait croître**. Ainsi, ce n'est pas celui qui plante qui importe, ni celui qui arrose, mais **Dieu, qui fait croître**. Celui qui plante et celui qui arrose ne sont qu'un, mais chacun recevra son propre salaire selon son propre travail. Car nous sommes des **collaborateurs** (*synergoi*) de Dieu. Vous êtes le **champ de Dieu**, la **construction de Dieu**. »

Ensuite, **les pierres** qu'il pose ne sont pas celles de la sagesse humaine. Paul dit encore :

> « Nous énonçons la sagesse de Dieu, mystérieuse et cachée, celle que Dieu a destinée d'avance, depuis toujours, à notre gloire...Or c'est à nous que Dieu l'a révélé par l'Esprit. Car l'Esprit sonde tout, même les profondeurs de Dieu... Et nous en parlons, non avec les discours qu'enseigne la sagesse humaine, mais avec ceux qu'enseigne l'Esprit » (1 Co 2.7, 10, 13).

---

[32] 1Co 3.10-12.

Dans ce chapitre 2, il montre que la révélation divine, celle qui concerne la personne de Jésus-Christ, son salut, l'œuvre de l'Esprit, ne relèvent pas de la logique humaine, scandale pour les Juifs, folie pour les Grecs, mais elle relève de la foi en la révélation. Le prophète harmonise son discours sur ce qui a déjà été révélé dans les Ecritures.

Quel est donc le liant, le ciment qui unit toutes ces pierres de vérité ? Paul le dit encore dans 1 Corinthiens 8.1 : « La connaissance gonfle d'orgueil, mais **l'amour construit.** »

Ainsi, le prophète sait parler au nom du Seigneur, mais il sait aussi se taire. Il ne se vante pas, ne se gonfle pas d'orgueil, ne fait rien d'inconvenant, ne s'irrite pas[33]. Il n'accuse pas l'Eglise, et même s'il doit en corriger les écarts, il le fait avec la douceur de Christ[34].

Il est intéressant de noter que la liste de dons énoncée en 1 Corinthiens 12 s'épanouit dans le magnifique chapitre 13 sur l'amour. De même, la liste de l'épître aux Romains[35] s'achève sur l'amour tout comme la liste de l'épître aux Ephésiens[36] dans laquelle Paul emploie à deux reprises la métaphore de la construction et conclut :

> « C'est par lui (le Christ, la tête) que le corps tout entier, bien coordonné et uni grâce à toutes les jointures qui le desservent, met en œuvre sa croissance dans la mesure qui convient à chaque partie, pour se construire lui-même dans l'amour » (Ep 4.16).

Pour Paul, la construction du corps du Christ se fait dans l'unité de l'Eglise qui croît dans l'amour[37].

L'Eglise de Corinthe était traversée par des courants divers. Certains faisaient une expérience extatique et parlaient en langues incompréhensibles, d'autres au contraire avaient recours à la sagesse philosophique grecque ou à la tradition juive. Tous étaient sincères dans leur recherche mais avaient tendance à s'écarter de ce qui est la foi véritable, une foi révélée qui ne ressort ni de la construction logique ni d'un sentimentalisme exalté, mais d'un fait indéniable, la vie, la mort et la résurrection de Jésus, Fils de Dieu et Sauveur. C'est pourquoi Paul dira : « J'ai posé le fondement comme un sage architecte... Car personne ne peut poser un autre fondement que celui qui a été posé, savoir Jésus-Christ » (1Co 3.10-11).

---

[33] 1Co 13.4-7.
[34] 2Tm 4.2.
[35] Rm 12.6-9.
[36] Ep 4.11-16.
[37] Non dans les invectives, les dénonciations, les accusations selon lesquelles l'Eglise adventiste serait devenue Babylone.

Or, dans l'Eglise, il y en a qui construisent sur le fondement mais dont la construction est fragile :. Apollos, qui construit solide, mais qui ignore le baptême du Saint-Esprit[38] et a recours à la logique de l'école d'Alexandrie dont il est issu ; des *pneumatika*, spiritualistes, qui se prévalent de l'Esprit mais dont l'enseignement remet en cause l'identité du Christ[39].

Aussi, Paul avertit les uns et les autres :
> « Que l'on construise sur ces fondations [Jésus-Christ] avec de l'or, de l'argent, des pierres précieuses, du bois, du foin ou du chaume, l'œuvre de chacun deviendra manifeste, car le jour la mettra en évidence ; en effet, c'est dans le feu qu'il se révélera, et l'épreuve du feu montrera ce que vaut l'œuvre de chacun » (1Co 3.12-13).

On ne peut enseigner sans risque. Il faudra rendre des comptes au divin architecte. Il est des constructions qui ne résisteront pas à l'épreuve et qui s'écrouleront.

Pire, il en est dont l'enseignement déconstruit ce que Dieu a construit.

Or, « Si quelqu'un détruit le sanctuaire de Dieu, Dieu le détruira ; car le sanctuaire de Dieu est saint – c'est là ce que, vous, vous êtes » (1Co 3.17).

En effet, « tout ne construit pas, », « tout n'est pas constructif, » écrit-il encore en 1 Corinthiens 10.23. L'Eglise est menacée par ce qu'on peut appeler « le confusionnisme. » On le retrouve dans des formules du genre : « Nous avons tous le même Dieu », ou encore : « Il suffit de croire en Jésus. »

Pour l'apôtre Paul, le ministère prophétique a pour but de ramener l'Eglise à son fondement, Jésus-Christ, dont la vie, la mort et la résurrection interpellent le monde, nous remettent en question, et nous offrent une vie nouvelle, un mode de vie nouveau.

Si le don de prophétie est donné pour construire, c'est parce que la maison est en chantier et, comme tout chantier, elle est questionnement, interpellation, progrès, développement. Et pour cela, le don prophétique s'avère être un guide précieux. La maison n'est pas un préfabriqué que l'on assemble et une fois le mécano achevé, c'est fini. La maison est en perpétuelle construction.

Conclusion

La fonction prophétique est capitale aux yeux de Paul. Il est convaincu de l'avoir lui-même remplie. Le ministère du prophète consiste à construire l'Eglise. Son message a pour but d'affirmer l'Eglise dans la foi. La fonction prophétique n'est

---

[38] Ac 18.24, 25.
[39] 1Co 12.2.

pas le produit d'une initiative individuelle, mais elle se produit par l'action de l'Esprit saint.

En terminant sa première épître aux Thessaloniciens, Paul leur dit : « N'éteignez pas l'Esprit, ne méprisez pas les messages des prophètes. Examinez tout, retenez ce qui est bien » (1Th 5.19-21).

Ne comprenons pas mal ce que Paul dit. Il ne dit pas qu'il faut faire le tri dans ce que disent les prophètes et de ne retenir que ce qui nous paraît juste. D'ailleurs, le mot grec que Paul emploie n'est pas *agathos*, ce qui est bon, mais *kalos*, ce qui est bien, plus précisément encore, ce qui est beau[40]. Ce qui dans l'enseignement des prophètes convient à notre vie actuelle et qui est beau de vivre.

Ainsi, le prophète selon l'Esprit n'exerce pas un ministère dictatorial, coercitif. Il n'impose pas ses révélations mais les offre à la réflexion des croyants.

Les croyants, de leur côté, ne doivent pas mépriser les messages des prophètes. Il est important pour eux de s'informer de leurs messages et d'y prêter attention pour voir comment ils peuvent s'appliquer dans leur vie. Examiner toutes choses demande un effort, une implication. Le message prophétique d'Ellen White, comme le message des prophètes anciens, comme le message de Paul, mérite donc lui aussi qu'on y prête attention et qu'il soit examiné avec sérieux pour en retirer ce qui est bon et beau pour nous aujourd'hui.

C'est ainsi que l'Eglise de Dieu, toujours vivante sous l'inspiration de l'Esprit du Christ, pourra se construire dans l'amour.

---

[40] D'où, en français, la « calligraphie. »

Comprendre la révélation et l'inspiration. Une perspective adventiste

Alberto Timm[1]

Les adventistes du septième jour défendent le témoignage que la Bible donne d'elle-même à propos de sa nature divino-humaine (2P 1.20-23) et du processus d'inspiration de la révélation qui l'a fait naître (Ap 1.1-2)[2]. Par exemple, la déclaration de 1872 sur les *Principes fondamentaux* des Adventistes du septième jour affirmait que « les Saintes Ecritures, Ancien et Nouveau Testament, données par l'inspiration divine, contiennent une pleine révélation de la volonté divine pour l'homme et sont la seule règle infaillible de foi et de vie[3] ». La déclaration de 2015 des *Croyances fondamentales* de notre Eglise affirme que « les Saintes Ecritures – l'Ancien et le Nouveau Testament – sont la Parole de Dieu écrite, donnée par l'inspiration divine. Les auteurs inspirés ont parlé et écrit

---

[1] Alberto Timm, docteur en théologie, est directeur associé du *White Estate* (Centre Ellen White) de la Conférence générale des Eglises adventistes à Silver Spring (Etats-Unis). La traduction de cet article, écrit à l'origine en anglais, a été réalisée par Marcel Ladislas.
[2] Des survols historiques utiles à la compréhension du processus de l'inspiration ou de la révélation sont fournis dans Alberto Timm, « A History of Seventh-day of Adventist Views on Biblical and Prophetic Inspiration (1844-2000) », *Journal of the Adventist Theological Society* 10 (1999/1-2), p. 486-542 ; Denis Kaiser, *Trust and Doubt. Perceptions of Divine Inspiration in Seventh-day Adventist History (1880-1930)*, Thèse de doctorat d'Andrews University, 2016. Parmi quelques études théologiques adventistes plus exhaustives, citons : Alden Thompson, *Inspiration: Hard Questions, Honest Answers*, Hagerstown, Review and Herald, 1991 ; Franck Holbrook, Leo van Dolson (éd.), « Issues in Revelation and Inspiration », *Adventist Theological Society Occasional Papers*, vol. 1, Berrien Springs, Adventist Theological Society Publications, 1992 ; Peter van Bemmelen, *Révélation et Inspiration*, Manuel de théologie adventiste, tome 1, Collonges-sous-Salève, Faculté adventiste de théologie, 2008 ; Fernando Canale, *Back to Revelation-Inspiration. Searching for the Cognitive Foundation of Christian Theology in a Postmodern World*, Landham, University Press of America, 2001 ; Fernando Canale, *The Cognitive Principle of Christian Theology. A Hermeneutical Study of the Revelation and Inspiration of the Bible*, Berrien Springs, Andrews University Lithotec, 2005.
[3] *A Declaration of the Fundamental Principles Taught and Practiced by the Seventh-day Adventists*, Battle Creek, Michigan, Steam Press of the Seventh-day Adventist Publishing Association, 1872, p. 5.

sous l'impulsion du Saint-Esprit. Dans cette Parole, Dieu a confié à l'humanité la connaissance nécessaire au salut[4] ».

Des remarques pertinentes sur le procédé de révélation/inspiration sont disséminées dans l'Ecriture. Mais une des assertions les plus complètes sur ce sujet se trouve dans le livre de l'Apocalypse (1.1-2) :

> « Révélation de Jésus-Christ : Dieu la lui donna pour montrer à ses serviteurs ce qui doit arriver bientôt. Il la fit connaître en envoyant son ange à Jean son serviteur, lequel a attesté comme Parole de Dieu et témoignage de Jésus-Christ tout ce qu'il a vu. »

Ce passage décrit la communication divine qui procède au travers d'un émetteur initial, *Dieu*, et comme transmetteurs *Jésus-Christ*, *un ange* et *l'apôtre Jean*, avant d'atteindre le peuple de Dieu. Néanmoins, la révélation divine n'est pas limitée à un modèle unique, car dans les faits Dieu « à bien des reprises et de bien des manières, [a] parlé [...] par les prophètes » (He 1.1).

Cet article donne des pistes de réflexion sur (1) la révélation prophétique de Dieu, (2) le procédé de l'inspiration sous la direction du Saint-Esprit, (3) la réception des messages prophétiques, et (4) la pertinence et l'autorité pérennes des écrits prophétiques.

La révélation prophétique divine

Le concept biblique de révélation divine est basé sur la notion fondamentale d'un Dieu trinitaire (Es 48.16 ; Jn 14.16, 26 ; etc.) qui se révèle aux êtres humains « à bien des reprises et de bien des manières » (He 1.1). Ce processus, si varié, comprend les révélations *générales* comme la nature (Ps 19.1-6 ; Es 40.26, 28 ; Rm 1.20), l'histoire (Dn 4.23), et la conscience morale (Rm 2.14 ; 8.14,16) mais aussi les révélations spéciales : le Christ en tant que Parole de Dieu devenue chair (Jn 1.1-5, 14 ; He 1.2) et la Bible en tant que Parole de Dieu mise par écrit (Jn 5.39)[5]. Nous devons prendre conscience que la révélation divine est limitée non seulement par la distance infinie entre la créature que nous sommes et notre créateur (Dt 29.29 ; Jb 38-40 ; 1Tm 6.16) mais aussi par les imperfections de notre nature humaine pécheresse (Es 6.1-5 ; 55.6-9 ; Jn 16.12).

Martin Luther a vu un paradoxe divin entre le Dieu caché (*Deus absconditus*) et le Dieu révélé (*Deus revelatus*), entre Dieu lui-même et sa parole, parce que « Dieu fait beaucoup de choses qu'il ne nous révèle pas par sa Parole[6] ». Pour Jean Calvin, « nous ne pouvons pas par nostre propre vertu et puissance parvenir à

---

[4] « Croyances fondamentales des adventistes du septième jour », in *Manuel d'Eglise, révision 2015*, 19e éd., Vie et Santé, Dammarie-les-Lys, 2016.
[5] Ellen White, *Messages choisis*, vol. 1, Publications Inter-américaines, Pacific Press, 1969, p. 28.
[6] Martin Luther, *Œuvres*, tome V, (« Du Serf Arbitre », § 685), Labor et Fides, Genève, 1958, p. 110.

sonder les secrets de Dieu ; ainsi par la grâce du S. Esprit nous sommes introduits en une cognoissance d'iceux claire et certaine[7] ». Dans le même ordre d'idée, Leon Morris a ajouté que « l'homme en tant qu'homme n'a pas d'accès à la vie intérieure de Dieu, ni de connaissance de l'essence même de Dieu. La théologie n'est pas une étude de "Dieu en soi" mais de "Dieu tel qu'il se révèle lui-même"[8] ». Cependant, cette sélectivité ne fausse pas le message prophétique communiqué sous la direction du Saint-Esprit.

Dans tout le processus de révélation, un rôle crucial est joué par les prophètes appelés par Dieu comme ses messagers attitrés. Max Weber a utilisé le terme de « prophète » dans un sens sociologique en l'appliquant à des chefs charismatiques, « révolutionnaires en religion » ou « fondateurs de religion[9] ». Aujourd'hui, le terme peut désigner également un individu qui parle efficacement contre une situation d'injustice sociale[10]. Mais d'un point de vue biblique, le prophète est quelqu'un qui reçoit des révélations spéciales de Dieu et est inspiré par le Saint-Esprit pour les transmettre en toute confiance à leurs destinataires. Dans Nb 12.6, nous lisons : « S'il y a parmi vous un prophète, c'est par une vision que moi, le Seigneur, je me fais connaître à lui, c'est dans un songe que je lui parle. » Tout vrai prophète reçoit des rêves et des visions de Dieu, mais tous ceux qui en reçoivent ne peuvent être considérés comme des prophètes. C'est évident pour le pharaon à l'époque de Joseph (Gn 41) et pour Nabuchodonosor (Dn 2), qui eurent des révélations prophétiques de Dieu sans pour autant être appelés à un rôle de prophète. Le processus de communication prophétique comporte trois dimensions majeures : (1) la *révélation*, le rassemblement ou la réception multiforme de l'information à transmettre ; (2) l'*inspiration*, la transmission fiable de cette information ; et (3) l'*illumination*, pour l'acceptation favorable du message par les destinataires. Chacune de ces trois dimensions sont contrôlées par le Saint-Esprit. En ce qui concerne la source de l'information, elle peut parvenir au prophète de manière onirique, comme mentionné plus haut, à travers des visions et des songes prophétiques (Nb 12.6). Selon Gerhard von Rad, dans une vision, « toute l'histoire du monde passe

---

[7] Jean Calvin, *Commentaire de Jehan Calvin sur le Nouveau Testament*, tome III, imprimerie de Ch Meyrueis et compagnie, 1855, p. 211 (sur Rm 11.34).
[8] Leon Morris, *I Believe in Revelation*, Grand Rapids, Eerdmans, 1976, p. 11.
[9] Max Weber, *Sociologie des religions*, Paris, Gallimard, 2006 ; cf. Christophe Adair-Toteff, *Max Weber's Sociology of Religion*, Tübingen, Mohr Sieberg, 2016, p. 99-118.
[10] Antonio Sison, « The Prophetic-Liberating Schillebeeckx. Reclaiming a Western Voice for the Third World », *New Theology Review* 22 (2009/4), p. 57-58 ; Albert Raboteau, *American Prophets. Seven Religious Radicals and their Struggle for Social and Political Justice*, Princeton, Princeton University Press, 2016.

devant son esprit [celui du prophète] comme un film[11] ». Le message peut aussi venir *oralement*, quand Dieu ou un autre être céleste parle au prophète (Es 2.1 ; Jr 1.4 ; Ez 1.3 ; Am 1.1 ; etc). Et le prophète peut même être guidé par le Saint-Esprit dans la recherche de sources inspirées et non inspirées pour trouver les informations les plus fiables sur un sujet donné (Lc 1.1-4).

Sans aucun doute, les visions et les rêves prophétiques impliquent des rencontres surnaturelles avec Dieu. Mais ce ne sont pas de simples expériences subjectives comme le suggèrent les partisans de la « Théologie de la Rencontre[12] ». Par exemple, dans l'expérience du buisson ardent, Dieu a dialogué avec Moïse (Ex 3). Dans le passage de Nombres (12.6) cité ci-dessus, Dieu explique qu'il se fait connaître de ses prophètes par des visions et leur *parle* en songe. Quand Esaïe eut une vision du Seigneur sur son trône, il dialogua aussi avec le Seigneur (Es 6). Quand l'apôtre Paul fut emmené au paradis, il entendit des « paroles inexprimables » (2Co 12.1-4). Ainsi, même les expériences visuelles ont un contenu propositionnel et sont de nature normative (cf. Ex 25.9 ; 40 ; 26.30). Mais Dieu ne fournit pas seulement au prophète l'information exacte. Il inspire aussi le prophète à délivrer le message d'une manière fiable, que ce soit oralement (Ex 19), dramatiquement (Ez 4), ou dans un format écrit (Ex 17.14 ; 24.4).

Le processus d'inspiration

L'apôtre Paul reconnaît que « toute Ecriture est inspirée de Dieu et utile pour enseigner, pour réfuter, pour redresser, pour éduquer dans la justice » (2Tm 3.16). Et l'apôtre Pierre d'ajouter : « Aucune prophétie de l'Ecriture n'est affaire d'interprétation privée ; en effet, ce n'est pas la volonté humaine qui a jamais produit une prophétie, mais c'est portés par l'Esprit Saint que des hommes ont parlé de la part de Dieu » (2P 1.20-21). Mais comment l'inspiration prophétique fonctionne-t-elle réellement ?

Nous devons reconnaître, tout d'abord, que l'inspiration divine est un mystère difficile à comprendre et à expliquer. Pas étonnant que William Johnsson ait déclaré : « Définir l'inspiration, c'est comme attraper un arc-en-ciel. Lorsque nous aurons fait de notre mieux, il restera un facteur insaisissable et un élément de mystère. Des écrits inspirés peuvent être connus, mais jamais pleinement

---

[11] Gerhard von Rad, *Old Testament Theology, vol. 2: The Theology of Israel's Prophetic Traditions*, Louisville, Westminster John Knox Press, 1965, p. 313. (*Théologie de l'Ancien Testament, vol 2 : Théologie des traditions prophétiques d'Israël*, Labor et Fides, Genève, 1960).
[12] Une analyse critique utile de la « Théologie de la Rencontre » est fournie dans Norman Gulley, *Systematic Theology*, vol. 1, Berrien Springs, Andrews University Press, 2003, p. 227-289.

compris[13]. » Cela signifie que nous devons rester dans les limites de ce que la Bible a à dire sur elle-même, en évitant de lui imposer des concepts artificiels.

Dans mon article « Comprendre l'inspiration. La nature symphonique et holistique des Ecritures[14] », je suggère trois concepts fondamentaux pour une compréhension adventiste de l'inspiration prophétique. Le contenu des trois sous-rubriques suivantes s'inspire largement de cet article.

Nature symphonique

De nombreuses discussions sur la nature de l'inspiration découlent de la tendance à considérer les écrits inspirés comme le produit d'une seule théorie monophonique de l'inspiration, sans tenir compte des contributions des autres théories. Cette approche a favorisé une polarisation classique sous les étiquettes d'inspiration verbale d'un côté et d'inspiration de la pensée de l'autre. Pour surmonter les limites de l'une ou de l'autre approche, certains ont proposé une vision plus symphonique et multiperspective de l'inspiration.

L'une des premières tentatives pour élargir cette notion a été la théorie controversée des « degrés » d'inspiration. En 1883, Uriah Smith a proposé une distinction artificielle dans les écrits d'Ellen White entre les « visions » d'inspiration réelle et les « témoignages » non inspirés[15]. L'année suivante, George Butler suggéra que tout le contenu de la Bible pouvait être classé sous cinq « degrés » différents d'inspiration et d'autorité, allant de ce qui était inspiré au plus haut degré à ce qu'il « pouvait à peine appeler inspiré[16] ». En 1888, Smith soutenait en outre que si les paroles des Ecritures étaient « prononcées directement par le Seigneur », alors « les paroles sont inspirées ». Si les paroles ne viennent pas directement du Seigneur, alors « les paroles ne peuvent pas être inspirées », mais seulement « les idées, les faits, la vérité, que ces paroles transmettent[17] ».

Aussi convaincante qu'elle puisse paraître, cette théorie fragmente en fait l'unité de l'Ecriture et sape son autorité. Les leçons de l'Ecole du sabbat pour le premier trimestre de 1893 soulignaient à juste titre qu'« il ne peut y avoir différents

---

[13] William Johnsson, « Does God Speak? » *Ministry* (October 1981), p. 4.
[14] Cf. Alberto Timm, « Understanding Inspiration. The Symphonic and Wholistic Nature of Scripture », Ministry (August 1999), p. 12-15.
[15] Uriah Smith to D. M. Canright, 22 March 1883.
[16] George Butler, « Inspiration », Série de 10 articles dans la *Review and Herald*: 8 January 1884, p. 24 ; 15 January 1884, p. 41 ; 22 January 1884, p. 57-58 ; 29 January 1884, p. 73-74 ; 5 February 1884, p. 89-90 ; 15 April 1884, p. 249-250 ; 22 April 1884, p. 265-267 ; 6 May 1884, p. 296-297 ; 27 May 1884, p. 344-346 ; 3 June 1884, p. 361-362.
[17] Uriah Smith, « Which Are Revealed, Words or Ideas? » *Review and Herald*, 13 March 1888, p. 168-169.

degrés d'inspiration. Une telle vision détruit l'autorité de la Parole de Dieu et donne à chacun une Bible faite par lui-même[18] ». Alfred Vaucher a ajouté : « L'Ecriture est donnée comme étant tout entière inspirée par Dieu. Il n'y a donc pas lieu de faire un triage entre les portions que l'on juge inspirées et celles qui ne le seraient pas[19]. »

De nouvelles tentatives de rupture avec une vision monophonique de l'inspiration ont été faites dans les années 1980 et 1990 au travers du concept de différents « modèles » d'inspiration. Se concentrant davantage sur la collecte d'informations prophétiques que sur son processus de transmission, George Rice suggère en 1983 l'existence de deux modèles d'inspiration : (1) le modèle prophétique de la révélation divine (visions et rêves), qui explique les écrits prophétiques, et (2) le modèle lucanien de la recherche humaine (lecture et entretiens oraux), qui explique les sections non prophétiques[20].

En 1996, Juan Carlos Viera propose six modèles d'inspiration : (1) le modèle *visionnaire*, dans lequel Dieu parle « par des visions et des rêves prophétiques » ; (2) le modèle du *témoignage*, dans lequel Dieu inspire « le prophète à donner son propre récit des choses vues et entendues » ; (3) le modèle *historien*, dans lequel le message ne vient « pas par des visions et des rêves, mais par la recherche » ; (4) le modèle du *conseiller*, dans lequel « le prophète agit comme conseiller du peuple de Dieu » ; (5) le modèle *épistolaire*, dans lequel « le prophète écrit des salutations, des noms, des circonstances ou même des choses communes qui ne nécessitent pas une révélation spéciale » ; et (6) le modèle *littéraire*, dans lequel « l'Esprit Saint inspire le prophète pour que celui-ci exprime ses sentiments et ses émotions intimes par la poésie et la prose, comme dans les psaumes[21] ».

Du point de vue de la collecte d'informations précises, on peut parler à juste titre de « modèles » distincts de révélation-inspiration. Mais dans le domaine de la transmission fiable de l'information, la discussion se concentre davantage sur l'interaction entre Dieu et l'homme jusque dans l'actuel phrasé des Ecritures. Certains adventistes tentent de clore la discussion avec la déclaration suivante d'Ellen White[22] : « Ce ne sont pas les mots de la Bible qui sont inspirés ; ce sont

---

[18] « The Word and the Spirit, » *Sabbath School Lessons for Senior Classes*, n° 98 (1ᵉʳ trimestre 1893), p. 9.
[19] Alfred Vaucher, *L'histoire du salut (cours de doctrine biblique)*, 4ᵉ éd., Dammarie-les-Lys, Vie et Santé, 1987, p. 31.
[20] George Rice, *Luke, a Plagiarist?*, Mountain View, Pacific Press, 1983.
[21] Juan Carlos Viera, « The Dynamics of Inspiration », *Adventist Review*, édition spéciale, 30 May 1996, p. 22-28.
[22] Citation tirée de Calvin Stowe, *Origin and History of the Books of the Bible, both the Canonical and the Apocryphal*, Hartford, Calvin Ellis Stove, 1867, p. 19. Ce paragraphe a été réimprimé à l'identique,

les hommes. L'inspiration agit non pas sur les mots ou les expressions, mais sur l'auteur lui-même, à qui le Saint-Esprit, communique des pensées[23] ». Cela signifie-t-il qu'en ce qui concerne la Bible, nous nous retrouvons aujourd'hui avec un livre non-inspiré de pensées inspirées ?

Il semble évident que ce n'est pas exactement ce qu'Ellen White avait en tête. Ailleurs, elle a même déclaré que « les scribes de Dieu écrivirent sous la dictée du Saint-Esprit, n'exerçant eux-mêmes aucun contrôle sur leur œuvre[24] ». Alors, comment pouvons-nous harmoniser ces deux déclarations de sa plume ? En essayant de résoudre cette tension, nous devons à toutes fins utiles prendre en considération l'explication suivante au sujet de sa propre expérience :

> « Bien que je dépende de l'Esprit du Seigneur pour écrire mes vues comme pour les recevoir, les mots que j'emploie pour décrire ce que j'ai vu sont les miens, sauf quand il s'agit de déclarations faites par un ange, que j'ai soin de placer entre guillemets[25]. »

Cet énoncé suggère une compréhension symphonique de l'inspiration. En règle générale, le prophète choisit la formulation de ses écrits inspirés (inspiration de *la pensée*). Mais il y a des cas où la formulation même est fournie par un être céleste (inspiration *verbale*). La même conjugaison de perspectives différentes se retrouve aussi dans les évangiles canoniques – l'entremêlement entre les paroles de Jésus et les récits ou commentaires additionnels des écrivains eux-mêmes – ainsi que dans la Bible en général. Les Dix Commandements (Ex 20.1-17 ; cf. Dt 5.6-21) ont été écrits par le doigt de Dieu et donnés à Moïse (inspiration *mécanique*). Dans tous ces cas, le Saint-Esprit a guidé tout le processus de révélation-inspiration. Comme l'a également déclaré Carlyle Haynes, les Ecritures sont « beaucoup plus qu'un récit *non-inspiré* de pensées *inspirées*[26] ».

Après avoir reconnu la nature symphonique de l'inspiration, on peut se demander jusqu'à quel point le contenu réel des écrits inspirés est fiable.

Portée globale

Les adventistes ont traditionnellement mis l'accent sur la fiabilité de l'ensemble du contenu des écrits inspirés. Mais certains individus ont fait valoir que ces

---

« Inspiration of the Bible », *Review and Herald*, 4 June 1889, p. 354-355. Voir Alberto Timm, « Divine Accommodation and Cultural Conditioning of the Inspired Writings », p. 162-165.
[23] Ellen White, Manuscript 24, 1886 (rédigé en Europe en 1886) in *Messages choisis*, vol. 1, p. 24.
[24] Ellen White, *Testimonies for the Church*, vol. 4, Mountain View, Pacific Press, 1948, p. 9. (Pour la version française : *Témoignages pour l'Eglise*, vol. 1, p. 499).
[25] Ellen White, *The Review and Herald*, 8 October 1867 (*Messages choisis*, vol. 1, p. 41-42).
[26] Carlyle Haynes, *God's Book*, Nashville, Southern Publishing Association, 1935, p. 138 (italiques dans l'original).

écrits ne sont pleinement fiables que sur les questions de salut. Comme déjà mentionné, en 1884, George Butler suggéra différents niveaux de confiance dans l'Ecriture, en fonction de ses divers « degrés » d'inspiration. Pour lui, les Ecritures « font autorité en proportion des degrés d'inspiration[27] » et ne sont parfaites que dans la mesure où elles sont nécessaires pour atteindre le but pour lequel elles ont été données, à savoir « nous rendre sages pour le salut » (2Tm 3.15)[28]. Mais l'affirmation la plus marquante de cette ligne de pensée a été celle de William Clarence White, en 1911, selon lequel Ellen White « n'a jamais prétendu faire autorité dans l'histoire[29] ». L'année suivante, il expliqua plus clairement : « Mère n'a jamais voulu que nos frères les traitent [ses écrits] comme une autorité concernant les détails de l'histoire ou les dates historiques[30]. »

L'idée que les écrits inspirés ne peuvent pas être considérés comme faisant autorité dans d'autres domaines que le salut a été reprise par d'autres auteurs adventistes. Par exemple, au Conseil des enseignants de Bible et d'histoire tenu dans la foulée de la Conférence biblique de 1919 à Washington D.C.[31], le président de la Conférence générale, Arthur Daniells, a déclaré qu'Ellen White « n'a jamais prétendu être une autorité en histoire » ou « une professeure de théologie systématique » et qu'elle ne considérait jamais ses « citations historiques » comme infaillibles[32]. Il y eut de fortes réactions contre ces mots à l'époque[33], et ce point de vue ne fut pas exposé dans la littérature adventiste, du moins pendant les trois décennies qui ont suivi[34]. Mais la controverse a repris au cours des trois dernières décennies du XXe siècle[35].

---

[27] Butler, « Inspiration », *Review and Herald*, 8 January 1884, p. 24.
[28] Butler, « Inspiration, » *Review and Herald*, 27 May 1884, p. 344.
[29] William Clarence White, « Great Controversy – New Edition. A statement by Elder W. C. White, made before the General Conference Council, Oct. 30, 1911 », Ellen G. White Estate, publié dans l'Appendice A du *Selected Messages*, vol. 3, d'E. G. White, p. 437.
[30] W. C. White à W. W. Eastman, 4 November 1912 ; publié sans l'article indéfini « une » (« comme autorité ») dans l'Appendice B du *Selected Messages*, vol. 3, d'Ellen White, p. 446.
[31] Cf. Michael Campbell, « The 1919 Bible Conference and its Significance for Seventh-day Adventist History and Theology », Thèse de doctorat, Andrews University, 2007.
[32] A. G. Daniells, in « The Use of the Spirit of Prophecy in Our Teaching of Bible and History », *Spectrum* 10 (May 1979) p. 34, 38.
[33] Cf. F. M. Wilcox, C. E. Taylor, and C. L. Benson, in « Inspiration of the Spirit of Prophecy as Related to the Inspiration of the Bible », *Spectrum* 10 (May 1979), p. 44-57.
[34] Cf. Alberto Timm, « A History of Seventh-day Adventist Views on Biblical and Prophetic Inspiration (1844-2000) », p. 500-509.
[35] Cf. *ibid.*, p. 513-541 ; Samuel Koranteng-Pipim, *Receiving the Word. How New Approaches to the Bible Impact Our Biblical Faith and Lifestyle*, Berrien Springs, Berean Books, 1996 ; George Knight, *Reading Ellen White. How to Understand and Apply Her Writings*, Hagerstown, Review and Herald, 1997, p. 105-118 ; Charles Scriven, « Embracing the Spirit », *Spectrum* 26 (September 1997), p. 28-37 ; Samuel Koranteng-Pipim, « In the Spirit of Truth. Pipim Responds », *Spectrum* 26 (September 1997), p. 38-

Parce que le but premier de la Bible est de construire une foi à salut (Jn 20.31), ses sections historiques, biographiques et scientifiques fournissent souvent uniquement l'information spécifique nécessaire pour atteindre ce but (Jn 20.30 ; 21.25). Malgré sa sélection limitée dans certains domaines de la connaissance humaine, cela ne signifie pas que les Ecritures ne sont pas dignes de confiance dans ces domaines. « Toute l'Ecriture est inspirée de Dieu » (2Tm 3. 16) et notre compréhension de l'inspiration doit toujours soutenir cette portée globale et intégrative. Selon Ellen White, c'est seulement dans la Parole inspirée que nous trouvons « un récit authentique de l'origine des nations », « une histoire de notre race pure de tout orgueil, de tout préjugé[36] » et une « norme infaillible » selon laquelle « les idées scientifiques des hommes » doivent être mises à l'épreuve[37].

Approche respectueuse

La question controversée de l'existence ou de l'inexistence d'erreurs factuelles dans les écrits inspirés est étroitement liée aux discussions sur les théories de l'inspiration et la portée thématique de la fiabilité. En d'autres termes, le Saint-Esprit a-t-il permis à des erreurs factuelles de se glisser dans les écrits inspirés ou non ? Si oui, dans quelle mesure ?

Les adventistes ont été historiquement réticents à parler de l'existence d'erreurs factuelles dans les écrits inspirés. Lorsque la Conférence générale a nommé un comité en 1883 pour faire une révision grammaticale des *Testimonies for the Church* d'Ellen White pour l'Eglise, la motion ne mentionnait aucune erreur factuelle dans leur contenu. Seules les « imperfections » grammaticales devaient être corrigées, sans changer la pensée « dans aucune mesure[38] ». Mais plus tard, dans le contexte de la révision de 1911 du livre *The Great Controversy*, (*La tragédie des siècles*), des erreurs mineures furent reconnues[39]. Ainsi, au Conseil des enseignants de Bible et d'histoire de 1919, Daniells a exprimé publiquement que

---

44. Voir aussi les compte-rendus critiques par George Knight et George Reid du livre de Pipim, *Receiving the Word*, in *Ministry* (December 1997), p. 30-31 ; Steve Dailey, David Larson, Kenneth Noel, Alden Thompson, in « Responding to Pipim and Scriven », *Spectrum* 26 (January 1998) p. 50-54.

[36] Ellen White, *Education*, Dammarie-les-Lys, Vie et Santé, 1986, p. 199.

[37] Ellen White, « Science and Revelation », *Signs of the Times*, 13 March 1884, p. 161 ; Ellen White, *Patriarches et Prophètes*, Dammarie-les-Lys, Vie et Santé, 2012, (1ère éd. 1948), p. 585 ; Ellen White, *Testimonies for the Church*, vol 8, p. 325 ; Ellen White, *Conseils aux éducateurs, aux parents et aux étudiants*, Dammarie-les-Lys, Vie et Santé, 2007, (1ère éd. 1943), p. 44-45.

[38] « General Conference Proceedings, » *Review and Herald*, 27 November 1883, p. 741-742. Voir également Jerry Moon, *W. C. White and Ellen G. White: The Relationship Between the Prophet and Her Son*, Andrews University Seminary Doctoral Dissertation Series 19, Berrien Springs, Andrews University Press, 1993, p. 122-129.

[39] Arthur White, *Ellen G. White, vol. 6: The Later Elmshaven Years, 1905-1915*, Washington, Review and Herald, 1982, p. 302-337.

la Bible et les écrits d'Ellen White contenaient plusieurs contradictions factuelles[40].

Dans les trois décennies qui suivirent (1920-1950), les auteurs adventistes continuèrent cependant à nier l'existence d'erreurs factuelles dans les écrits inspirés. Bien que certaines discussions aient eu lieu dans les années 1960, en 1970, la question a de nouveau fait l'objet d'un débat. En conséquence, les théologiens adventistes ont fini par se diviser entre (1) ceux qui croient que le Saint-Esprit n'a pas permis qu'une erreur factuelle se glisse dans les écrits inspirés ; (2) ceux qui soutiennent que l'influence dominante du Saint-Esprit n'a permis qu'à des différences mineures et insignifiantes de se glisser dans ces écrits ; et (3) ceux qui parlent librement des erreurs factuelles dans ces écrits, sans jamais mentionner aucune influence dominante de l'Esprit saint.

Sans une théorie concédant l'intervention du Saint-Esprit, le dernier point de vue ne parvient pas à saisir ce que les prophètes, qui ont personnellement vécu une telle intervention, ont à dire sur cette question. Par exemple, le conseil de Nathan au roi David sur la construction du temple ne mentionne pas seulement que Nathan a donné un mauvais conseil au roi, mais aussi que le Seigneur a corrigé cette erreur (2S 7.1-16). Ellen White a reconnu l'influence déterminante du Saint-Esprit lorsqu'elle a déclaré qu'il « guidait l'esprit » des prophètes « dans le choix de ce qu'il faut dire et écrire[41] ». Parlant de sa propre expérience, elle a ajouté qu'« en donnant le message, avec ma plume et en parlant devant de grandes congrégations », « ce n'est pas moi qui ai le contrôle de mes paroles et mes actes » mais « l'Esprit de Dieu[42] ». Ceci étant, nous ne pouvons considérer une théorie affirmant la non-intervention de l'Esprit saint comme une hypothèse valable dans une discussion adventiste d'inspiration.

Mais même en acceptant l'intervention globale de Dieu pour contrôler la transmission de la vérité par le prophète, dans quelle mesure cette intervention empêche-t-elle l'erreur ? Certains auteurs estiment que les erreurs factuelles alléguées sont de simples problèmes de copistes ; d'autres soutiennent qu'il n'y a pas d'autre moyen de résoudre certaines difficultés que d'admettre qu'il s'agit en fait d'erreurs. Par exemple, dans une conférence de 1966, Arthur White déclarait :

> « Le message inspiré du prophète pouvait incarner une inexactitude dans un détail mineur non consécutif au concept de base ou sur un point mineur dans

---

[40] Voir les affirmations de A. G. Daniells in « The Use of the Spirit of Prophecy in Our Teaching of Bible and History » and « Inspiration of the Spirit of Prophecy as Related to the Inspiration of the Bible », *Spectrum* 10 (May 1979), p. 27-57.

[41] Ellen White, Lettre 206, 1906, in *Messages Choisis*, vol 1, p. 29.

[42] *Ibid.*, 44.

le domaine de la connaissance commune, l'exactitude ou l'inexactitude, dont la recherche humaine suffit pour informer les hommes[43]. »

En 1981 et 1982, Roger Coon a proposé une théorie d'« intervention » qui laissait place à des « erreurs sans conséquence de détails mineurs et insignifiants » dans les écrits inspirés. Il expliquait :

> « Si dans son humanité un prophète de Dieu commet une erreur et que la nature de celle-ci est suffisamment grave pour affecter matériellement (a) la direction de l'Eglise de Dieu, (b) la destinée éternelle d'une personne, ou (c) la pureté de la doctrine, alors (et seulement alors) l'Esprit saint pousse immédiatement le prophète à corriger cette erreur, afin que des dégâts permanents ne se produisent[44] ».

En 1996, Juan Carlos Viera ajoutait :

> « Le prophète peut faire des erreurs orthographiques, ainsi que d'autres types d'imperfections du langage comme le *lapsus linguae* (la langue qui fourche) ou le *lapsus memoriae* (la mémoire qui flanche) », mais l'Esprit saint « contrôle le message inspiré » et « corrige toujours ses messagers dans les affaires importantes de l'Eglise[45]. »

Pourtant, la discussion entre le concept d'erreurs non factuelles et les quelques erreurs insignifiantes les plus probables ne sera jamais entièrement résolue. Nous nous sentons très mal à l'aise si nous ne pouvons pas tout comprendre et tout expliquer, y compris la nature mystérieuse des Ecritures. Ellen White dit :

> « Certains passages de l'Ecriture ne seront parfaitement compris que lorsque le Christ les expliquera dans la vie future. Il y a des mystères qui ne seront pas révélés et des déclarations qui ne peuvent pas être harmonisées par les hommes. L'ennemi cherchera justement à attirer l'attention sur ces points, alors qu'il vaudrait mieux les laisser de côté[46]. »

De plus, si nous acceptons le principe de la *sola Scriptura*, nous devrions aussi prendre plus sérieusement en considération la manière respectueuse dont tous les vrais prophètes traitent les écrits des autres prophètes. Aucun des prophètes du Nouveau Testament n'a signalé d'erreurs factuelles dans l'Ancien Testament, pas plus qu'Ellen White en ce qui concerne la Bible. Mais cet exemple prophétique de respect pour l'ensemble des écrits inspirés ne doit pas être utilisé pour promouvoir une théorie de l'inerrance calviniste. Nous ne devrions jamais non plus rendre notre propre foi ou la foi des autres dépendantes de ces questions finalement sans importance.

---

[43] Arthur White, *The Ellen G. White Writings*, Hagerstown, Review and Herald, 1973, p. 47-48.
[44] Roger Coon, « Inspiration/Revelation: What It Is and How It Works – Part II », *Journal of Adventist Education* 44/2 (December 1981-January 1982), p. 18-19.
[45] Juan Carlos Viera, « The Dynamics of Inspiration », p. 27-28.
[46] Ellen White, *Le ministère évangélique*, Dammarie-les-Lys, Vie et Santé, 2000 (1ère éd. angl. 1892), p. 306.

Sans fermer les yeux sur les difficultés réelles des écrits inspirés, nous devrions développer une approche plus respectueuse de ces écrits qui nous permette de mettre l'accent (1) davantage sur le contenu des messages divins que sur leurs récipients humains et (2) davantage sur le cœur de ces messages que sur des problèmes secondaires[47], de telle sorte que les éléments fondamentaux restent fondamentaux et que les périphériques restent à la marge. Le centre de notre foi doit reposer sur ce qui est au cœur de la révélation inspirée, plutôt que d'avoir besoin d'être renforcé par des explications sur ce qui est en soi en fait périphérique.

Ajustements historiques et culturels

Notre compréhension des écrits prophétiques est aussi largement façonnée par la manière dont nous définissons les phénomènes d'ajustement divin et de conditionnement culturel des écrits inspirés[48]. Les prophètes ont été appelés et rendus capables par Dieu de parler aux gens dans leur propre langue. Pourtant, l'ajustement divin comprenait non seulement l'utilisation du langage humain, avec toutes ses limites, mais aussi une forte contextualisation thématique dans la culture de la communauté des personnes à atteindre par le message divin. Cette forme de contextualisation trouve son apogée dans l'incarnation du Fils de Dieu devenu le Fils de l'homme pour sauver les pécheurs (Ph 2.5-8).

Mais tout le processus d'accommodement divin ne peut se limiter à l'utilisation du langage humain et à des illustrations tirées du monde naturel et de la vie quotidienne. La plupart des écrits prophétiques traitaient de questions contemporaines comme les problèmes de l'idolâtrie, de l'immoralité et d'autres coutumes païennes. Ainsi, au lieu de surgir dans un vide culturel, les messages divins parlaient directement à la culture contemporaine. Pourtant, l'une des questions les plus importantes (et les plus controversées) est la suivante : Dans quelle mesure les messages divins sont-ils conditionnés par le milieu culturel dans lequel les prophètes les ont écrits ?

Il y a au moins deux perspectives distinctes à partir desquelles on peut définir le conditionnement culturel des écrits inspirés. L'une est la perspective *horizontale*, qui finit par lire les écrits inspirés comme un simple produit de la communauté religieuse dans laquelle ils ont vu le jour. Les tentatives visant à définir les conditionnements culturels dans une perspective horizontale

---

[47] Alberto Timm, « Ellen G. White: Side Issues or Central Message? », *Journal of the Adventist Theological Society* 7 (1996/2), p. 168-179.
[48] Le contenu de cette section est basé sur Alberto Timm, « Divine Accommodation and Cultural Conditioning of the Inspired Writings », *Journal of the Adventist Theological Society* 19 (2008/1-2), p. 161-174.

tendent à les placer sur une base humaniste/culturelle. Oubliant dans une large mesure la paternité divine des écrits inspirés, ceux qui acceptent ce point de vue étudient généralement les écrits au moyen de la méthode historico-critique.

Une autre perspective est la perspective *verticale*, qui reconnaît que les écrits inspirés ont été donnés par un langage humain imparfait, abordant des questions locales contemporaines, et étant limités par les circonstances locales et les caractéristiques personnelles (cf. Jn 16.12). Alors que la perspective *horizontale* considère les écrits inspirés en grande partie comme confinés à la culture religieuse (et parfois même séculière) dans laquelle ils ont vu le jour, la perspective *verticale* reconnaît ces écrits comme les juges divins des cultures contemporaines et même de toute autre culture. Mais cette approche ne peut survivre qu'avec l'utilisation de la méthode historico-grammaticale, qui permet à ces écrits de conserver leur statut de Parole de Dieu pour l'humanité.

L'une des tâches les plus difficiles dans l'interprétation des écrits inspirés est de distinguer les principes universels des applications temporelles. Cette difficulté est due en grande partie au fait que ces écrits sont souvent considérés du seul point de vue des contextes dans lesquels ils ont été écrits à l'origine et auxquels ils ont été adressés. Cette connaissance est indispensable pour identifier les applications temporelles et leur impact sur la communauté locale à laquelle le message s'adressait à l'origine, mais elle laisse encore trop d'ouverture aux vues subjectives de l'interprète. Toute interprétation sérieuse devrait identifier non seulement le contexte spécifique auquel les messages ont été adressés à l'origine, mais aussi leur interaction plus large avec l'ensemble du patrimoine accumulé de la littérature prophétique. Alors que la connaissance *contextuelle* aide à mieux comprendre les applications temporelles, la connaissance *interactive* aide à identifier plus précisément les principes universels.

La plupart de ceux qui acceptent l'origine divine des écrits inspirés reconnaissent la pertinence de ces écrits pour leurs publics d'origine. Mais certains chercheurs plus critiques soutiennent que ces écrits étaient pertinents à l'époque, mais pas nécessairement pour nous aujourd'hui. Alors, comment pouvons-nous faire face à ce problème de la haute critique ?

Pertinence et autorité durables

Les paroles inspirées d'un vrai prophète, qu'elles soient orales ou écrites, portent les lettres de créance et l'autorité divines. Mais quelle est leur pertinence pour nous aujourd'hui ? La réponse à cette question importante a été largement façonnée par les tentatives modernes et controversées de classer le contenu des écrits inspirés dans des catégories telles que « descriptif et prescriptif », « historique et théologique », « ce qu'il signifiait et ce qu'il signifie », et « non normatif et normatif »[49]. Le problème n'est pas tant avec le deuxième élément de chacune de ces clauses, mais plutôt avec le premier. Pouvons-nous vraiment parler de parties des écrits inspirés qui ne sont que descriptifs, historiques, n'ayant qu'une signification locale et non normative ? D'un point de vue historico-critique, la réponse abonderait certainement dans ce sens.

Mais si nous lisons les écrits inspirés comme une révélation divine pour nous aujourd'hui, alors le tableau change considérablement. Nous y trouvons un dialogue permanent entre des principes universels, pour tous les temps et tous les lieux, et des particularités du temps qui ne sont plus applicables pour nous aujourd'hui. Par exemple, puisque les lois cérémonielles de l'Ancien Testament ont déjà été accomplies et remplacées par Christ et son ministère sacerdotal (He 9), elles ne demeurent plus pour nous aujourd'hui (Col 2.14). Mais cela ne veut pas dire qu'elles ont perdu leur signification théologique profonde et sont devenus insignifiantes. En effet, dans les écrits inspirés, même les particularités du temps sont basées sur des principes universels. La forme a peut-être changé, mais le principe est toujours d'actualité. C'est précisément ce qui rend les écrits inspirés encore pertinents pour nous aujourd'hui.

Si nous lisons les écrits inspirés dans le cadre de la grande controverse cosmo-historique entre le bien et le mal (et pas seulement d'un point de vue sociologique), nous verrons que même les généalogies bibliques et l'histoire d'Israël antique ne sont pas seulement des récits historiques communs. Ces récits – pleins d'exemples à imiter et d'échecs à éviter – font partie de l'histoire globale du salut, avec une profonde pertinence théologique. Quand Dieu a demandé à Moïse d'écrire l'histoire de l'exode d'Egypte, il a également déclaré qu'elle devrait devenir un « mémorial » pour les générations futures de ses actes puissants (Ex 17.14). Bien des siècles plus tard, Paul reconnut que ces choses « furent mises par écrit pour nous instruire, nous qui touchons à la fin des temps » (1Co 10.11). De même, les évangiles canoniques ne sont pas seulement des biographies de Jésus ; ce sont de véritables « évangiles » écrits dans un but sotériologique (Jn 20.30, 31).

A Satan, dans le désert de la tentation, Jésus dit que l'homme doit vivre « de toute parole sortant de la bouche de Dieu » (Mt 4.4 ; cf. Lc 4.4). Ces paroles qui

---

[49] Pour plus ample information sur ce sujet, voir par exemple Gerhard Hasel, « The Nature of Biblical Theology. Recent Trends and Issues », *Andrews University Seminary Studies* 32 (1994/3), p. 214 ; Elmer Martens, « The Flowering and Floundering of Old Testament Theology », in Willem Van Gemeren (éd.), *New International Dictionary of Old Testament Theology & Exegesis*, Grand Rapids, Zondervan, 1997, tome 1, p. 175-176.

procèdent « de la bouche de Dieu » se réfèrent-elles seulement aux paroles explicites de Dieu dans l'Ancien Testament ? A première vue, cela pourrait être le cas. Mais si nous examinons cette question plus attentivement, nous verrons que même cette affirmation vient des paroles de Moïse (Dt 8.3). Sur ce point, la manière dont le Nouveau Testament cite l'Ancien Testament est extrêmement significative[50]. De nombreux passages des anciens prophètes sont cités comme étant la Parole permanente de Dieu, même sans porter une parole explicite de Dieu. Dans Lc 10.16, Jésus a même dit aux soixante-dix : « Qui vous écoute m'écoute, et qui vous repousse me repousse ; mais qui me repousse repousse celui qui m'a envoyé. » Cela implique que les messagers de Dieu sont habilités par sa propre autorité. Et dans Es 40.8, il nous est dit que « l'herbe sèche, la fleur se fane, mais la parole de notre Dieu subsistera toujours » !

Observations finales

Nos réflexions dans cet article donnent un aperçu du processus mystérieux de la révélation/inspiration divine. Nous avons vu que les révélations prophétiques de Dieu sont beaucoup plus que des témoignages personnels à propos de rencontres subjectives avec Dieu. Ces révélations impliquent la communication objective de vérités propositionnelles. Le Saint-Esprit a aidé les prophètes à chercher des informations exactes et les a inspirés à délivrer les messages d'une manière fiable, que ce soit oralement (Ex 19), dramatiquement (Ez 4), ou sous forme écrite (Ex 17.14 ; 24.4).

Les écrits inspirés ne sont pas le produit d'une seule théorie monophonique de l'inspiration, mais plutôt d'une vision plus symphonique et d'une perspective plurielle de l'inspiration. Le contenu global des écrits inspirés a été écrit à travers le processus d'inspiration de la pensée dans lequel, sous la direction de l'Esprit saint, le prophète lui-même ou elle-même a choisi la formulation utilisée. Mais il y a des cas particuliers où la formulation réelle a été fournie par un être céleste, penchant dans ces cas-là vers l'inspiration verbale.

---

[50] Pour une étude plus approfondie des usages de passages de l'Ancien dans le Nouveau Testament, voir par exemple : Frederick Bruce, *The New Testament Development of Old Testament Themes*, Grand Rapids, Eerdmans, 1968 ; Walter Kaiser Jr., *The Uses of the Old Testament in the New*, Chicago, Moody Press, 1985 ; Greg Beale and Donald Carson (éd.), *Commentary on the New Testament Use of the Old Testament*, Grand Rapids, Baker Academic, 2007 ; Walter Kaiser Jr., Darrell Bock, Peter Enns, *Three Views on the New Testament Use of the Old Testament*, Grand Rapids, Zondervan, 2008 ; Greg Beale, *Handbook on the New Testament Use of the Old Testament: Exegesis and Interpretation*, Grand Rapids, Baker Academic, 2012 ; Douglas Moo, Andrew David Naselli, « The Problem of the New Testament's Use of the Old Testament », in Donald. Carson (éd.), *The Enduring Authority of the Christian Scriptures*, Grand Rapids, Eerdmans, 2016, p. 702-746.

En évaluant les écrits inspirés avec une approche plus dichotomique grecque, on pourrait être tenté de parler d'eux comme fiables en matière de salut mais pas sur d'autres sujets corrélés. Mais d'un point de vue biblique holistique, il faut reconnaître une interrelation thématique globale qui fait qu'il est presque impossible pour quelqu'un de parler de la Bible comme étant fiable dans certains sujets et pas dans d'autres. Sans prétendre à l'inerrance des écrits inspirés, nous devrions aussi prendre plus sérieusement en considération la manière respectueuse dont tous les vrais prophètes ont traité les écrits des autres prophètes. Comme nous l'avons déjà dit, aucun des prophètes du Nouveau Testament n'a signalé d'erreurs factuelles dans l'Ancien Testament, et Ellen White non plus en ce qui concerne la Bible.

Si nous acceptons l'auto-témoignage des Ecritures comme la parole fiable de Dieu, nous ne pouvons pas les considérer comme un simple produit des communautés religieuses dans lesquelles elles ont vu le jour. Elles ont été données à travers un langage humain imparfait, abordant des questions locales contemporaines, et étant limitées par les circonstances locales et les caractéristiques personnelles (cf. Jn 16.12), mais néanmoins elles sont les juges divins des cultures contemporaines et même de toute autre culture. Les écrits inspirés portent des références divines et sont d'une pertinence durable (Es 40.8 ; Mt 4.4).

Nous devons comprendre la nature et la pertinence des écrits inspirés afin d'éviter les distorsions. Mais ce qui est encore plus important, c'est notre disposition personnelle à leur permettre d'exercer leur pouvoir transformateur dans notre propre vie (Jn 17.17). Après tout, comme le dit Ap 1.3 : « Heureux celui qui *lit* et ceux qui *entendent* les paroles de cette prophétie, et qui gardent ce qui y est écrit, car le temps est proche ». Cette promesse s'applique principalement au livre de l'Apocalypse mais, par extension, à tous les écrits inspirés !

Comment interpréter les écrits d'Ellen White

Sergio Becerra[1]

Lire les écrits d'Ellen White semble facile. Cependant, vu l'écart chronologique et la barrière linguistique qui nous en séparent, être sûr de bien comprendre la pensée de l'auteur représente un défi de taille. Interpréter Ellen White implique de demeurer fidèle à sa pensée sans chercher à lui attribuer, ni intentionnellement ni par erreur, un sens différent de celui qu'elle-même a voulu lui conférer.

Cet article présente quelques principes à suivre pour une lecture appropriée de la littérature religieuse en général et des écrits d'Ellen White en particulier. Ces conseils sont d'usage courant et sont notamment présentés de manière approfondie dans le livre *Lire Ellen White* de George Knight[2] dont les lignes qui suivent s'inspirent largement.

1. Commencer par une saine perspective

Notre manière de penser influence bien davantage notre vécu quotidien qu'on ne l'imagine. Par exemple, selon que l'on est optimiste ou pessimiste nous fait regarder les choses et les événements avec une perspective différente. Ainsi en est-il également de la manière dont une lecture peut se faire et l'interprétation que l'on aura de ce qui est lu. Ainsi notre perspective personnelle définira notre lecture des Ecritures comme celle des écrits d'Ellen White. George Knight

---

[1] Sergio Becerra, docteur en théologie, est directeur du Centre Ellen White et doyen de la Faculté adventiste de théologie à l'Université adventiste *del Plata* en Argentine. Son article, rédigé en espagnol, a été traduit par Mireille Liénard Treiyer.
[2] George Knight, *Lire Ellen White*, Dammarie-les-Lys, Vie et Santé, 1999. La majorité des citations d'Ellen White présentées dans cet article sont reprises de ce livre, même si elles sont ici référencées en pointant directement vers les écrits d'Ellen White.

suggère trois étapes préalables permettant une lecture profitable d'un texte inspiré :

> « Premièrement, commencez votre lecture en priant pour recevoir sagesse et compréhension. [...] Notre attitude dans la prière nous adoucit et ouvre notre esprit, notre coeur et nos vies à un sincère désir de connaître la volonté de Dieu pour la mettre en pratique dans notre vie.
>
> Deuxièmement, abordez votre étude avec un esprit ouvert. Personne n'est exempt de préjugés ou de partis pris. Nous reconnaissons aussi que les opinions préconçues concernent tous les domaines de notre vie. Mais cela ne signifie pas que nous devions les laisser nous dominer. [...]
>
> La lecture d'Ellen White, avec foi plutôt qu'avec scepticisme, est une troisième bonne attitude. Comme Ellen White l'a déclaré : [...] "Dieu donne assez de preuves à l'esprit impartial pour parvenir à la foi, mais ceux qui se détournent de ces démonstrations, parce qu'il y a quelques éléments que leur esprit limité ne peut saisir, resteront dans l'atmosphère froide et réservée de l'incrédulité et du doute interrogateur et leur foi fera naufrage"[3]. »

2. Etudier les écrits d'Ellen White à la lumière des Ecritures

Le rôle que doivent jouer les écrits d'Ellen White par rapport à la Bible n'est pas clair pour tous. Une tentation consisterait à lire la Bible au travers du prisme des écrits d'Ellen White et ainsi donner une sorte de primauté interprétative à l'écrit ultérieur, fut-il inspiré et considéré comme prophétique. C'est bien les Ecritures qui constituent le fondement et il importe de lire Ellen White à la lumière des Ecritures. Le témoignage de ceux qui prétendent avoir reçu une révélation d'origine divine ou autre doit toujours être soumis à l'épreuve de la révélation divine établie ou au témoignage de prophètes reconnus antérieurement, c'est-à-dire par les écrits canoniques. C'est la position qu'a défendue Ellen White en disant :

> « Mais l'Esprit n'est pas donné, et il ne le sera jamais, pour remplacer les Ecritures. Celles-ci déclarent positivement que la Parole est la pierre de touche de tout enseignement et de toute vie morale. L'apôtre Jean a écrit : "N'ajoutez pas foi à tout esprit ; mais éprouvez les esprits pour savoir s'ils sont de Dieu, car plusieurs faux prophètes sont venus dans le monde" (1Jn 4.1). Et le prophète Esaïe : "A la loi et au témoignage ! Si l'on ne parle pas ainsi, il n'y aura point d'aurore pour le peuple" (Es 8.20)[4]. »

Alors, pourquoi le témoignage prophétique a-t-il été donné à certaines époques spécifiques ? Ellen White éclaire la fonction de ses écrits en répondant à cette question :

---

[3] George Knight, *op. cit.*, p. 47-49. La citation d'Ellen White provient de *Testimonies for the Church*, vol. 4, Mountain View, Pacific Press, 1948, p. 232-233.
[4] Ellen White, *La tragédie des siècles*, Dammarie-lès-Lys, Vie et Santé, 1992, p. 11.

> « La Parole de Dieu est suffisante pour éclairer l'esprit le plus enténébré et elle peut être comprise par ceux qui ont le moindre désir de la comprendre. Malgré cela, certains de ceux qui professent faire de la Bible l'objet de leur étude vivent en contradiction directe avec ses enseignements les plus clairs. Dieu leur donne des témoignages clairs et précis, les ramenant à la Parole qu'ils ont négligé de suivre[5]. »

> « Les Ecritures ne vous sont pas familières. Si vous vous étiez consacré à étudier la Parole de Dieu avec le désir de parvenir à la norme de la Bible et à la perfection chrétienne, vous n'auriez pas besoin des *Témoignages*[6]. »

Ainsi, les écrits d'Ellen White ont pour objectif de reprendre, corriger, exhorter et guider le peuple de Dieu revenu aux Ecritures, dans lesquelles figure tout ce qui est nécessaire au salut et à la croissance chrétienne. Voilà pourquoi Ellen White n'a pas prétendu être une commentatrice faisant autorité en matière d'Ecritures, mais une messagère du Seigneur guidée par l'Esprit qui met en action le passage biblique pour qu'il serve d'instrument de renouveau et de croissance. Ellen White était quelqu'un qui fournissait des liens entre les Ecritures et le contexte actuel[7].

Ellen White considérait la Bible comme « l'unique règle de foi et de doctrine[8] ». Elle encourageait les gens à l'étudier et à en faire le guide de leur vie. C'est ainsi que ses écrits prennent sens et sont utiles. Il est dès lors de la plus haute importance que nous les étudiions à la lumière des Ecritures.

3. Se concentrer sur des thèmes essentiels

Il est possible de lire des textes inspirés de deux manières : en se concentrant sur les thèmes principaux de l'auteur ou en en recherchant les thèmes secondaires, différents et hors du commun.

Cela peut être déterminant puisque cela nous conduit à chercher et à souligner les principaux thèmes importants de l'auteur, ou à souligner des thèmes de moindre importance simplement parce qu'ils nous interpellent. Cette seconde attitude équivaut à sortir une citation de son contexte, parce que celui-ci la met plus en évidence que ce qu'elle ne mérite.

Pour certains, insister sur un thème secondaire équivaut à attirer l'attention sur une « nouvelle lumière ». Ellen White a dû prendre fermement position contre un tel usage de ses écrits durant sa vie. Elle avertit ses lecteurs « de prendre

---

[5] Ellen White, *Testimonies for the Church*, vol. 2, Mountain View, Pacific Press, 1948, p. 454-455.
[6] Ellen White, *Testimonies for the Church*, vol. 5, Mountain View, Pacific Press, 1948, p. 624.
[7] Clifford Jones, « Ellen White and Scripture », *in* Merlin Burt (éd.), *Understanding Ellen White*, Nampa, Pacific Press, 2015, p. 47.
[8] Ellen White, « The Value of Bible Study », *Advent Review and Sabbath* (17 juillet 1888), p. 449.

garde à ces questions secondaires dont la tendance est de détourner l'esprit de la vérité[9]. » D'où son conseil :

> « Nous devons être très attentifs à la façon dont nous recevons tout ce qui est appelé une nouvelle lumière. Nous devons prendre garde, de peur que sous le couvert d'une recherche de vérités nouvelles, Satan ne détourne notre esprit du Christ et des vérités particulières pour notre temps. Il m'a été montré que l'ennemi use du stratagème qui consiste à conduire les pensées à se préoccuper de quelques points obscurs et sans importance, quelque chose qui n'est pas pleinement révélé ou qui n'est pas essentiel pour notre salut. Il en fait un thème qui étouffe la "vérité présente"[10]. »

A la nécessité de se concentrer sur les thèmes centraux s'ajoute celle de mettre en évidence ce qui est important. Ceci est significatif, car le risque existe de se focaliser sur des détails sans importance, qui peuvent malheureusement parfois prendre le pas sur l'essentiel. Ellen White elle-même regrettait que certains se divisent sur des questions sans importance[11].

Comment pouvons-nous savoir quand nous avons affaire à un thème principal ou secondaire des écrits d'Ellen White ? Une citation de l'auteur elle-même concernant le moyen de découvrir les thèmes centraux et importants de la Bible nous éclaire sur la manière d'appliquer également ce processus à ses écrits :

> « La Bible est son propre interprète. Ce n'est qu'à l'Ecriture que l'on peut comparer l'Ecriture. Celui qui l'étudie doit apprendre à considérer la Parole de Dieu comme un tout, et à voir les relations qui existent entre ses différentes parties. Il doit apprendre à connaître le thème central du saint Livre : le plan originel de Dieu pour le monde, la montée du grand conflit, l'œuvre de la rédemption. Il doit comprendre la nature des deux forces qui se combattent, apprendre à en relever l'empreinte dans les récits de l'histoire et de la prophétie, jusqu'à l'accomplissement de toutes choses. Il doit voir que cette lutte se poursuit à tous les instants de l'expérience humaine, que dans chacun

---

[9] Ellen White, *Counsels to Writers and Editors*, Hagerstown, Review and Herald, 1946, p. 47.
[10] *Ibid.*, p. 49.
[11] « Dans le passé, on a voulu connaître mon opinion sur des théories non essentielles et fantaisistes. Les uns ont soutenu l'idée que les croyants devraient prier les yeux ouverts. D'autres enseignent que, à l'instar de ceux qui officiaient autrefois dans le sanctuaire et qui enlevaient leurs sandales et se lavaient les pieds en y pénétrant, les chrétiens devraient enlever leurs chaussures en entrant dans la salle de culte. D'autres encore, sur la base du sixième commandement, déclarent qu'il ne faut pas même tuer les insectes qui tourmentent les êtres humains. Et d'autres enfin ont avancé l'idée que les rachetés n'auront pas de cheveux blancs, comme si cela pouvait avoir une importance quelconque. Que ceux qui se demandent ce qu'ils doivent enseigner et quels sont les sujets sur lesquels il convient d'insister, examinent les discours du Maître et suivent les lignes de sa pensée. Ce que Jésus a regardé comme essentiel doit nous préoccuper aujourd'hui encore. Nous devons encourager nos auditeurs à méditer sur ce qui est d'un intérêt éternel. Notre époque a besoin de personnes qui sachent comprendre les besoins des âmes et y subvenir » (Ellen White, *Le Ministère Evangélique*, p. 305-309).

de ses actes il agit lui-même selon l'une ou l'autre de ces forces antagonistes et qu'à chaque instant il choisit son camp, qu'il le veuille ou non[12]. »

Comme l'exprime George Knight, des passages tels que celui-ci indiquent que le principal but de Dieu en faveur de l'humanité est son salut. Donner la priorité à ce thème et à ceux qui en découlent nous garderont du danger de nous repaître de thèmes secondaires qui ne sont pas d'un même apport à la vie chrétienne.

> « Il est de notre devoir de chrétiens de nous préoccuper des questions centrales de la Bible et des écrits d'Ellen White plutôt que des questions marginales. Si nous agissons ainsi, les questions secondaires resteront à leur place dans le contexte du "grand thème central" de la révélation de Dieu à son peuple. D'autre part, se concentrer en premier sur les sujets secondaires du christianisme conduit non seulement à des compréhensions déformées, mais crée aussi des problèmes dans l'application des conseils de Dieu à la vie. Rester sans cesse sur les cas limites conduit au déséquilibre et au fanatisme[13]. »

4. Etudier toute l'information disponible sur un thème donné

En étudiant un thème des écrits d'Ellen White, nous devons être disposés à accepter un large éventail de conseils. Un texte isolé peut nous donner une idée partielle ou erronée de sa pensée sur un thème spécifique. Nous réduirions les possibilités d'erreur en accédant à plus de matériel.

D'autre part, l'on dispose de beaucoup d'écrits sur certains thèmes, tandis qu'il n'y en a que peu pour d'autres, voire aucun pour quelques-uns d'entre eux. Dans le cas d'une grande richesse d'information sur un sujet, nous pouvons plus facilement découvrir le sens que l'auteur lui donne. Lorsqu'il y en a peu, nous devons être plus prudents puisque le risque d'émettre une opinion peu fondée s'accroît. Finalement, nous devons éviter de donner notre avis sur un thème dépourvu de matériel existant.

Arthur White met en garde contre les dangers d'étudier la pensée d'Ellen White sans rechercher une pluralité de passages :

> « Beaucoup ont erré dans l'interprétation de la signification des *Témoignages* en prenant comme base de leur croyance des déclarations isolées ou hors contexte. Certains le font même lorsqu'il existe d'autres passages qui, pris soigneusement en considération, prouveraient que la position prise sur la base d'une déclaration isolée est insoutenable [...] Il n'est pas difficile de trouver des phrases ou des paragraphes, aussi bien dans la Bible que dans les écrits d'Ellen White, qui puissent être utilisés pour soutenir des idées personnelles au lieu de mettre en relief la pensée de l'auteur[14]. »

---

[12] Ellen White, *Education*, Dammarie-lès-Lys, Vie et Santé, 1986, p. 216.
[13] George Knight, *op. cit.*, p. 55.
[14] Arthur White, *Ellen G. White. Messenger to the Remnant*, Washington, Review and Herald, 1969, p. 88.

Voici un principe général mais de grande importance, qui éviterait bien des interprétations erronées.

5. Eviter des interprétations extrêmes

Il importe d'éviter une lecture extrémiste des conseils bibliques ou des écrits d'Ellen White et de considérer cette approche comme « fidèle ». La vie personnelle comme l'œuvre de la prophétesse reflètent une pensée équilibrée. Elle a dû néanmoins lutter contre des personnes qui adoptaient des positions extrêmes en se basant sur ses œuvres. En voici pour preuve l'exemple du conseil qu'elle a donné à un médecin qui, après avoir lu ses écrits, mettait exagérément l'accent sur la réforme sanitaire : « Lorsqu'elle est portée aux extrêmes, la réforme sanitaire devient une déformation sanitaire, un moyen de destruction de la santé[15]. »

Elle avertit ensuite, à propos de positions exagérées :
> « Il y a une catégorie de personnes qui est toujours prête à partir sur la tangente, qui veut saisir quelque chose d'étrange, de magnifique, de nouveau. Mais Dieu voudrait que tous avancent posément, avec prévenance, en choisissant leurs termes, pour qu'ils soient en accord avec la solide vérité propre à notre temps. Celle-ci requiert d'être présentée, aussi libre que possible de toute sensiblerie, tout en portant l'intensité et la solennité qui lui conviennent. Nous devons nous prémunir de ceux qui sont excessifs et ne pas encourager ceux qui se jettent soit à l'eau soit au feu[16]. »

Près de quatre décennies plus tôt, Ellen White a écrit qu'elle a « vu que bon nombre ont tiré avantage de ce que Dieu a montré par rapport aux péchés et aux erreurs des autres. Ils ont radicalisé le sens de ce qui a été montré en vision et l'ont poussé au point d'affaiblir la foi de beaucoup dans la révélation divine[17]. » Cet avertissement continue à être valide : l'extrémisme crée la méfiance face à la révélation divine et affaiblit l'Eglise ; par conséquent, il doit être rejeté.

6. Découvrir les principes sous-jacents

Comprendre la différence entre un principe et une règle est très important pour étudier les Ecritures et les écrits d'Ellen White. Un principe est une vérité permanente et invariable dans le temps, l'espace et la culture. Il ne change pas parce qu'il reflète le caractère de Dieu. D'autre part, une règle est l'application de ce principe à une situation ou à un contexte historique donné. Voilà pourquoi

---

[15] Ellen White, *Conseils sur la nutrition et les aliments*, Mountain View, Le Monde Français - Pacific Press, 1972, p. 238.
[16] Ellen White, *Testimonies to Ministers and Gospel Workers*, Mountain View, Pacific Press, 1923, p. 227.
[17] Ellen White, *Testimonies for the Church*, vol. 1, Mountain View, Pacific Press, 1948, p. 166.

il est inapproprié d'appliquer une règle à notre époque sans avoir étudié auparavant si le faire répond à nos circonstances.

Un exemple classique qui illustre le besoin de trouver le principe derrière une norme avant de l'appliquer à notre temps est le conseil qu'Ellen White donne à propos de la position appropriée à prendre pour prier. « Se prosterner quand on s'adresse à Dieu par la prière, c'est l'attitude qui convient[18] » ; « c'est la position qui convient en tout temps[19] » ; « qu'il s'agisse du culte public ou du culte privé, nous avons le devoir de nous prosterner devant Dieu quand nous lui offrons nos requêtes ; cet acte atteste notre dépendance de Dieu[20] ». D'autre part, elle déclare un peu plus loin dans le même ouvrage : « Il n'est pas toujours nécessaire de se mettre à genoux pour prier, mais prenons l'habitude de parler au Sauveur lorsque nous sommes seuls, lorsque nous marchons, et lorsque nous travaillons[21]. »

Si le principe était la position dans la prière, nous serions ici en présence d'une contradiction flagrante difficile à résoudre. Mais l'analyse soigneuse des citations révèle rapidement que le principe enseigné dans le premier groupe de citations est la révérence envers Dieu. Dans la seconde citation, au contraire, on invite à développer l'amitié avec Dieu à travers la prière en tout lieu et en tout temps. Ces principes ne sont pas contradictoires mais complémentaires. En priant, nous devrions chercher à les respecter tous les deux. Voilà pourquoi des photographies nous montrent Ellen White en train de diriger un groupe de prière tantôt à genoux, tantôt debout et même assise. Sans doute qu'elle pria dans tous les cas avec révérence ; et il est bien connu qu'Ellen White parlait à Dieu avec la familiarité de quelqu'un de très cher et de très proche. Sa petite-fille, Ella, se souvient clairement qu'un jour où Ellen White prêchait, elle interrompit son discours en levant les yeux et en disant : « Oh Jésus, combien je t'aime, combien je t'aime, combien je t'aime[22] ! » Par conséquent, nous devrions chercher en priant à être le plus révérencieux possible et à choisir une position qui le traduise, à la fois en fonction des circonstances, de la proximité et de la confiance que nous éprouvons envers notre Dieu. Trouver le principe derrière ces déclarations nous permet de savoir comment l'appliquer correctement.

---

[18] Ellen White, *Messages choisis*, vol. 2, Mountain View, Le Monde Français - Pacific Press, 1971, p. 360.
[19] *Ibid.*, p. 359.
[20] *Ibid.*, p. 360.
[21] *Ibid.*, p. 365.
[22] L'auteur a recueilli ce témoignage de la bouche de James Nix (Directeur du *White Estate* de la Conférence générale des Eglises adventistes du septième jour), ainsi que d'Ella White Robinson, la petite-fille d'Ellen White, qui le lui a personnellement transmis.

7. Etudier chaque déclaration dans son contexte littéraire proche et lointain

Le risque existe de fonder sa compréhension globale des écrits d'Ellen White en se basant sur une citation ou un paragraphe. C'est fréquemment dû au fait que l'on considère chaque mot ou chaque phrase comme inspirés, ce qui impliquerait que le prophète ne soit qu'un simple copiste de Dieu. Mettre l'emphase sur les mots et les citations peut conduire à ne plus envisager correctement le message dont ils sont porteurs. Les Ecritures affirment que « c'est portés par l'Esprit saint que des humains ont parlé de la part de Dieu » (2P 1.21). Ellen White affirme elle-même[23] que « ce ne sont pas les mots de la Bible mais ce sont les hommes qui l'ont été ». Dieu inspire la pensée du messager qui transmet son message avec ses mots. Il s'agit d'une combinaison du divin et de l'humain, du parfait et de l'imparfait. Malgré les faiblesses humaines, Dieu veille à ce que la vérité parvienne inaltérée à son peuple. Voilà pourquoi nous devons chercher les messages, les thèmes et les doctrines qui naissent des mots, parce qu'ils sont inspirés par Dieu et utiles à notre salut.

Par ailleurs, un autre risque de ce genre d'approche du texte est que l'on sépare les mots et expressions de leur contexte littéraire. Les mots sont liés aux phrases, aux paragraphes, aux chapitres, aux livres et aux grands thèmes de l'œuvre du prophète. Lorsque nous lisons une déclaration d'Ellen White, nous devons toujours respecter le contexte immédiat et plus large de ses écrits en veillant à respecter l'ensemble de la pensée de l'auteur sans contredire ses idées. Le risque d'extraire les mots de leur contexte est de finir par leur assigner un sens différent de celui voulu par l'auteur. Ellen White en était consciente et a mis en garde contre ce danger :

> « Je sais que plusieurs s'emparent des témoignages donnés par le Seigneur et les appliquent à leur convenance, prenant çà et là une phrase hors de son contexte et l'appliquant d'après leur propre jugement. Ainsi de pauvres âmes sont désemparées, tandis que si elles pouvaient lire tout ce qui a été donné elles verraient comment cela doit être appliqué et éviteraient de tomber dans la confusion. Bien des déclarations proposées comme un message de sœur White lui font dire des choses qui ne s'accordent nullement avec sa pensée[24]. »

8. Etudier chaque cas dans son contexte historique

En interprétant les œuvres d'Ellen White, il est très important de tenir compte du cadre historique dans lequel elle a écrit. Elle vécut principalement aux Etats-Unis durant le XIXe siècle. Elle reflète donc les défis et les expériences de son

---

[23] Ellen White, *Manuscrit 24*, 1886 ; repris dans *Messages choisis*, vol. 1, Mountain View, Editions Inter-Américaines/Pacific Press, 1968, p. 21-24.
[24] Ellen White, *Messages choisis*, vol. 1, p. 50.

époque. Ce qui signifie que ses conseils, destinés d'abord à son époque et à son contexte, peuvent être suivis par les chrétiens adventistes du XXIe siècle dans la mesure où l'on y applique le processus d'extraction du principe qui se trouve derrière le conseil proprement dit (voir le point 6). Sinon, certains conseils pris littéralement peuvent devenir incompréhensibles pour nos contemporains. Prenons l'exemple de sa mise en garde concernant l'achat et l'usage de bicyclettes :

> « Cet investissement financier et ces balades en bicyclette dans les rues de Battle Creek sont-elles la preuve de la sincérité de votre foi dans le dernier et solennel avertissement qui doit être transmis aux hommes debout au seuil même du monde éternel[25] ? »

Pourquoi l'achat d'une bicyclette représenterait-il un gaspillage d'argent et rouler en vélo une preuve de manque de spiritualité ? Nous ne pourrons comprendre ce conseil qu'en recourant à son contexte historique. Au début de sa commercialisation, la bicyclette était un article très coûteux que seuls les riches pouvaient s'offrir. En posséder une était un moyen d'afficher son statut social. Elle servait au plaisir des riches ou de ceux qui voulaient le paraître. Certains s'endettaient dangereusement pour pouvoir en acquérir une et participer à la mode du moment[26]. Mais avec le temps, la bicyclette devint un article bon marché et un moyen de transport utile. Bien que le conseil en soi ne soit plus valable, les principes de frugalité et de non ostentation qui le sous-tendent restent actuels pour l'Eglise d'aujourd'hui.

9. Accepter la distinction qu'Ellen White fait entre l'idéal et le réel

Ellen White était très préoccupée par les « personnes qui sélectionnent les déclarations les plus fortes des *Témoignages*, sans expliquer ou sans prêter attention aux circonstances dans lesquelles les paroles d'avertissement et de répréhension furent données, et les appliquent à tous les cas. De mauvaises impressions sont ainsi engendrées dans l'esprit des gens[27]. »

George Knight affirme :

> « Quand Ellen White parle de l'idéal, elle emploie souvent son langage le plus fort. C'est comme si elle éprouvait le besoin de parler à haute voix pour être entendue. Une telle déclaration se lit dans *Fundamentals of Christian Education*. 'Jamais – dit-elle – une bonne éducation ne pourra être donnée à la jeunesse de ce pays, ou de n'importe quel autre, à moins qu'elle ne soit éloignée à une grande distance des villes' (p. 312). C'est là l'une de ses déclarations les plus radicales. Elle est non seulement intransigeante, mais elle a, de plus, un caractère universel, dans le temps et dans l'espace. Il n'y a pas de paroles plus

---

[25] Ellen White, *Testimonies to the Church*, vol. 8, Mountain View, Pacific Press, 1948, p. 59.
[26] Voir l'appendice de *Testimonies to Ministers and Gospel Workers*, p. 525.
[27] Ellen White, *Selected Messages*, vol. 3, Hagerstown, Review and Herald, 1980, p. 285.

fortes que "jamais". Dans son sens le plus strict, elle n'autorise aucune exception[28]. »

Cependant, les circonstances dans lesquelles ce conseil est donné peuvent exiger d'autres solutions. Déjà au début du XXe siècle, l'Eglise croissait dans les villes et tous les membres ne disposaient pas des moyens économiques leur permettant d'envoyer leurs enfants dans une école rurale avec internat. Voilà pourquoi Ellen White complète son conseil en offrant une alternative : construire des écoles adventistes dans les villes. Elle affirme ceci :

> « *Autant que possible*, [...] les écoles devraient être établies en dehors des villes. *Mais* dans celles-ci, il y a beaucoup d'enfants qui ne pourraient pas fréquenter des établissements éloignés. Pour leur avantage, des institutions devraient être ouvertes dans les villes aussi bien que dans les campagnes[29]. »

Cet exemple nous montre qu'Ellen White était sensible aux circonstances et bien plus souple qu'on ne se l'imagine aujourd'hui. Sans rabaisser l'idéal, lorsqu'il est impossible de l'appliquer dans son intégralité, cherchez des solutions appropriées.

Certains se demandent comment savoir quand il faut appliquer pleinement l'idéal ou s'adapter pour l'accomplir dans la mesure du possible. Préoccupée par ceux qui lisent ses conseils et sont inflexibles dans leur application, Ellen White déclare :

> « Mon esprit a été grandement troublé par l'idée que "puisque sœur White a dit ceci ou cela, et encore ceci et cela, nous l'appliquerons sans réserve". Dieu nous demande à tous d'employer notre bon sens, et il veut que nous raisonnions à partir du bon sens. Les circonstances modifient les conditions. Les événements changent les rapports aux choses[30]. »

En d'autres termes, l'Eglise compte sur la direction de l'Esprit qui œuvre en nous pour nous donner de chercher avec bon sens les meilleures solutions en fonction des circonstances. La responsabilité de chercher ensemble dans la prière et la réflexion la meilleure application du conseil inspiré incombe à la communauté spirituelle.

Conclusion

Le don prophétique manifesté dans les écrits d'Ellen White a été une grande bénédiction pour l'Eglise adventiste. Malheureusement, ces écrits n'ont pas toujours été étudiés ni utilisés avec le soin nécessaire. Les utiliser correctement

---

[28] George Knight, « How to read Ellen White's Writings », in Merlin Burt (éd.), *Understanding Ellen White*, p. 77.
[29] Ellen White, *Testimonies for the Church*, vol. 9, Mountain View, Pacific Press, 1948, p. 201.
[30] Ellen White, *Selected Messages*, vol. 3, p. 217.

restera toujours un défi. Heureusement, si nous suivons de sains principes d'interprétation, nous pouvons éviter la plupart des erreurs qui se commettent. Néanmoins, le problème actuel majeur réside dans le fait qu'on ne lit plus ces ouvrages. C'est probablement dû à l'ignorance des avantages que l'on peut retirer de leur étude ou aux conséquences entraînées par leur mauvais usage. Mais comme le dit George Knight, « la solution à la mauvaise interprétation est la bonne interprétation, non une élimination du message de Dieu[31] ». Par conséquent, nous devons lire et aussi comprendre correctement les écrits d'Ellen White afin d'en recevoir le bénéfice qu'ils apportent aux enfants de Dieu.

---

[31] George Knight, « How to read Ellen White's Writings », p. 80.

Ellen White, d'hier à aujourd'hui

Anna Galeniece[1]

Au cours de ses 70 ans de ministère, Dieu a puissamment utilisé Ellen White pour le développement et le soutien de l'Eglise adventiste des débuts. Malgré d'innombrables interprétations déformées de son ministère prophétique par certains de ses détracteurs, elle a été en mesure de fournir un solide soutien de base au développement des doctrines bibliques et d'élever la Bible en tant que *Sola Scriptura*. En outre, sa puissante contribution à la théologie, à la santé, à l'éducation et à d'autres questions importantes pour la vie de toutes les générations a eu des implications missiologiques étendues et efficaces pour faire avancer le message évangélique dans le monde entier.

Plus de 100 ans se sont écoulés depuis la mort d'Ellen White. Ce fait témoigne que chaque année qui passe, l'écart grandit entre elle et le temps présent, sans parler des défis d'hier et d'aujourd'hui. Bien que la majorité des adventistes croient en l'esprit de la prophétie, il y en a beaucoup qui n'ont pas entièrement embrassé le message comme il se doit, pour une raison ou une autre. C'est pourquoi le but de cet article est d'attirer l'attention sur la valeur des écrits d'Ellen White, tout en élevant Jésus-Christ par sa Parole au travers de divers moyens contemporains parmi les générations actuelles de l'Eglise adventiste.

De la déception à l'appel de Dieu (1844-1845)

Le deuxième grand réveil a été un tournant notable parmi les chrétiens des Etats-Unis d'Amérique. Cela a ramené les gens à la Bible et à ses enseignements. Ainsi, les millérites ont prêché la vérité biblique du point de vue prophétique, y compris la seconde venue du Christ le 22 octobre 1844. Le message concernant

---

[1] Anna Galeniece, docteur en théologie, est directrice du Centre Ellen White et professeur de théologie pratique à l'*Adventist University of Africa*, à Nairobi (Kenya). Son article, rédigé en anglais, a été traduit par Gabriel Monet.

l'avènement imminent de Jésus a conduit de nombreuses personnes de confessions différentes à une foi commune. Parmi elles se trouvait la famille Harmon, qui fut grandement déçue lorsque le Seigneur n'a pas fait irruption à la date tant attendue et prophétiquement calculée. A cette époque, Ellen Harmon (White, après son mariage avec James White en août 1846) était une adolescente qui, avec beaucoup d'autres croyants, a vécu cette expérience déchirante. Comme d'autres, elle était « déçue mais pas découragée[2] ». Son désir de mieux connaître Dieu ne s'est pas arrêté avec cette expérience amère. Environ deux mois plus tard, le Seigneur a commencé à lui donner ses visions et ses rêves prophétiques, qu'elle allait partager avec d'autres croyants[3].

Lors de la première partie du XIXe siècle, les manifestations visionnaires n'ont pas introduit ou représenté un phénomène religieux nouveau. Alors que les dirigeants millérites condamnaient ces activités comme étant non bibliques, elles étaient populaires parmi les autres millérites ainsi que chez divers chrétiens avant et après 1844. Des figures telles qu'Anna Lee[4], Joseph Smith[5], Maggie et Katie Fox[6], et bien d'autres, ont grandement influencé les sociétés chrétiennes et ont apporté beaucoup de confusion et de malentendus à ce sujet. Néanmoins, quand Dieu a commencé à donner à Ellen Harmon ses visions et ses rêves prophétiques, les ex-millérites et plus tard les croyants sabbatariens n'ont eu aucune difficulté à accepter ce don. Cependant, ils devaient prouver l'authenticité du don de prophétie à partir de la Bible, à cause des nombreuses fausses manifestations qui les entouraient. Après avoir testé l'authenticité de son don prophétique, « ils étaient prêts à défendre les visions d'Ellen White comme étant authentiques et soutenues par les Ecritures[7] ».

---

[2] Ellen White, *Christian Experience and Teachings of Ellen G. White*, p. 54. Toutes les citations d'Ellen White dans cet article sont tirées de l'application « Ellen G. White Writings ».

[3] Ellen a reçu sa première vision en décembre 1844. Au cours de ses 70 ans de ministère, elle a reçu des centaines de visions et de rêves prophétiques.

[4] Anna Lee a apporté les croyances et les pratiques de *shakers* de l'Angleterre vers l'Amérique en 1774. Elle était considérée comme l'homologue féminine du Christ qui promouvait le célibat et la confession du péché par la danse extatique. En 1837, les *shakers* prétendirent connaître de nouvelles révélations.

[5] Joseph Smith a expérimenté des révélations de Dieu par l'intermédiaire de l'ange Moroni. Il a publié le Livre des Mormons en 1830 et est devenu le fondateur de l'Eglise de Jésus-Christ des saints des derniers jours (les Mormons). Pour plus d'informations, voir George Knight, *Ellen White's World*, Hagerstown, Review and Herald, 1998, p. 59-61.

[6] Les deux sœurs Fox, Maggie and Katie, devinrent mediums en 1848 ; elles communiquèrent avec les esprits au travers de « *rappings* » (langage des coups frappés). Elles furent les fondatrices du mouvement moderne occidental du spiritualisme. Voir George Knight, *op. cit.*, p. 61-63.

[7] Theodore Levterov, « How Early Sabbathkeeping Adventists Accepted Ellen G. White as a True Prophet », in Alberto Timm, Dwain Esmond (éd.), *The Gift of Prophecy in Scripture and History*, Silver Spring, The Ellen G. White Estate, 2015, p. 249.

L'élévation de la Bible (1846-1863)

L'Eglise ne peut être établie et exister sans de solides principes doctrinaux fondés sur la Bible. Pendant les premières années de formation, les pionniers adventistes se sont préoccupés de l'étude biblique afin de découvrir et d'endosser leur propre position devant Dieu et leurs voisins. De la Bible, ils ont découvert une doctrine après l'autre, y compris l'enseignement sur les dons spirituels, mais ils ont dû faire une distinction sans faille entre les Ecritures et le don prophétique. Ils ont clairement compris que Dieu est la seule source de ce don. Le Saint-Esprit a été utilisé pour communiquer les messages de Dieu aux êtres humains au travers de visions pendant des siècles afin d'élever Jésus-Christ et son ministère salvifique parmi son peuple. L'esprit de prophétie biblique « a des aspects multifacettes et multifonctionnels », qui sont essentiellement moraux, et ils traitent « de l'autorévélation de Dieu et de sa volonté envers son peuple[8] » pour leur perfection, le progrès de leur mission et l'édification du corps du Christ[9].

Le ministère prophétique et les écrits d'Ellen White n'initient pas l'esprit de prophétie ni ne précèdent la Bible. Pour Ellen White, l'Ecriture était la « révélation normative et infaillible[10] » de la volonté de Dieu. Ainsi, bien que le rôle d'Ellen White dans l'émergence des doctrines adventistes ait été influent et important, il n'était ni de premier ordre ni d'initiative. La plupart de ses écrits au cours de ces années venaient confirmer des doctrines bibliques ou étaient pratiques par nature. Ils étaient considérés comme ayant « une fonction d'aide ou de correction[11] », dont les sabbatariens avaient besoin pendant cette période. Pas étonnant qu'avant l'organisation officielle de l'Eglise adventiste, les allusions au don de prophétie d'Ellen White étaient « relativement rares et généralement brèves[12] » sur les pages imprimées. Même James White évita de soutenir fortement ses écrits dans la *Review and Herald*, la publication majeure de l'Eglise en développement[13]. En même temps, les premiers croyants commencèrent à accorder une très grande attention à son ministère au début

---

[8] Eriks Galenieks, « The Spirit of Prophecy in the Bible », in Anna Galeniece (éd.) *The Bible, the Spirit of Prophecy and the Church*, Nairobi, Ellen G. White Estate Branch Office, Adventist University of Africa, 2017, p. 24.
[9] George Knight (éd.), *Seventh-day Adventists Answer Questions on Doctrine*, Berrien Springs, Andrews University Press, 2003, p. 8.
[10] Ellen White, *The Great Controversy*, p. vii (*La tragédie des siècles*, p. 11).
[11] Theodore Levterov, « The Development of the Seventh-day Adventist Understanding of Ellen G. White's Prophetic Gift, 1844-1889 », in Merlin Burt (éd.), *Ellen White Issues Symposium*, Berrien Springs, Center for Adventist Research, Andrews University, 2014, p. 15.
[12] Merlin Burt, « Bibliographic Essay on Publications About Ellen G. White », in Denis Fortin, Jerry Moon (éd.), *The Ellen G. White Encyclopedia*, Hagerstown, Review and Herald, 2013, p. 149.
[13] *Ibid.*, p. 151.

des années 1850, lorsque les premières ramifications apparurent sur la scène. Ils ont remarqué dans ses discours et ses écrits « la force unificatrice[14] » qui apportait non seulement l'harmonie de la foi entre les croyants, mais aussi la démonstration de son aspect pratique parmi eux.

De plus, les croyants devaient s'accorder quant à l'utilisation du don prophétique, pour savoir s'il devait être considéré comme test de communion ou non. La réponse leur vint lors de l'Assemblée générale des sabbatariens en 1855 et la déclaration de James White en 1856[15]. Il a été établi que la Bible en tant que *Sola Scriptura* est la seule règle de foi et de pratique. La position d'Ellen White était la même. Elle était « une loyaliste biblique inébranlable[16] », qui utilisait les Ecritures comme fondement de sa vie et de son ministère. C'est pourquoi, tout au long de sa vie, elle a souligné à maintes reprises sa conviction concernant la Sainte Bible. Elle « était claire et insistait sur le fait que ses écrits ne devaient être ni considérés ni appliqués comme la règle de foi du chrétien[17] ». En fait, elle recommandait à chaque lecteur « la parole de Dieu comme règle de [leur] foi et de [leur] pratique[18] ». Ainsi, depuis le milieu des années 1850, l'attitude des croyants à l'égard du don prophétique d'Ellen White a pris non seulement une tournure positive pour une meilleure appréciation, mais aussi un certain nombre de ses documents ont commencé à être publiés pour diffusion et promotion.

La voix qui soutient l'Eglise (1864-1887)

Les vingt-cinq premières années de l'Eglise officiellement organisée ont donné lieu à une œuvre importante, un travail incessant pour la croissance et l'expansion de l'Eglise tant aux Etats-Unis qu'à l'étranger. L'augmentation rapide du nombre de membres d'Eglise a apporté beaucoup de bénédictions mais aussi un certain nombre de défis qui devaient être surmontés. Les luttes d'orientation ont porté leurs fruits, mais ce n'était pas une voie facile. Dieu a utilisé sa messagère pour soutenir et construire son Eglise et son œuvre sur tous les fronts. Selon Uriah Smith, Ellen White était considérée comme une pilote qui donnait des instructions pour une période périlleuse[19]. C'est à cette époque

---

[14] Theodore Levterov, « The Development of the Seventh-day Adventist Understanding of Ellen G. White's Prophetic Gift, 1844-1889 », p. 16.
[15] La réponse de James White à la lettre de frère Bingham : James White, *Review and Herald*, February 28, 1856. Voir aussi Theodore Levterov, *op. cit.*, p. 17.
[16] Clifford Jones, « Ellen White and Scripture », in Merlin Burt (éd.), *Understanding Ellen White*, Nampa, Pacific Press, 2015, p. 46.
[17] *Ibid.*, p. 49.
[18] Ellen G. White, *Early Writings*, p. 78 (*Premiers écrits*, p. 78).
[19] Uriah Smith, « Do We Discard the Bible by Endorsing the Visions? » *Review and Herald*, January 13, 1863.

que l'enseignement sur le don de prophétie fut publié dans le cadre de la révélation de Dieu aux êtres humains, et cet article devint la sixième croyance fondamentale en 1872.

Contribution théologique

Pendant cette période, bien qu'Ellen White n'était pas théologienne en soi, elle a commencé son travail de contribution sérieuse à la théologie. Elle accordait une attention particulière au « lien entre la nature divine et la nature humaine du Christ[20] », tandis que le thème de la divinité du Christ allait être défini de manière plus complète avec le temps. En outre, elle a été fortement impliquée dans l'écriture de l'histoire de la grande controverse entre le Christ et Satan. Ses écrits pénétrèrent et informèrent les lecteurs sur le sujet de la guerre cosmique, et le vainqueur de cette bataille, le Christ vivant, fut toujours situé au milieu de ses œuvres.

En même temps, sa voix prophétique a été remise en question par certains détracteurs de l'intérieur de l'Eglise comme de l'extérieur. Il s'agissait d'individus comme B. F. Snook et W. H. Brinkerhoff[21], Dudley Canright et plusieurs autres. Les principales objections de Canright contre la messagère de Dieu étaient basées sur sa mauvaise compréhension de l'inspiration de Dieu pour un agent humain[22]. Canright quitta l'Eglise en 1887 et s'engagea dans une forte opposition contre les écrits d'Ellen White en prétendant qu'ils étaient défectueux. Il l'a accusée de plagiat et a soulevé une longue liste de questions qui ont fini par devenir les germes des futurs critiques. Cette lourde attaque n'était pas seulement contre Ellen White, mais aussi contre toute l'Eglise. Par conséquent, le peuple de Dieu a dû redéfinir la compréhension de l'inspiration d'un prophète dans les années 1880[23]. Ils en sont venus à la conclusion que Dieu utilise un modèle d'inspiration[24] de la personne entière et non un modèle de

---

[20] Merlin Burt, « The Foundational Orientation of Ellen White's Prophetic Ministry », in Alberto Timm, Dwain Esmond (éd.), *The Gift of Prophecy in Scripture and History*, p. 272.

[21] B. F. Snook et W. H. Brinkerhoff étaient les organisateurs du *Marion Party* qui a fortement résisté à l'établissement de l'organisation officielle de l'Eglise et de son nom. Vers le milieu des années 1860, ces deux hommes visitèrent de nombreuses Eglises adventistes du septième jour dans l'Iowa, désireux de détruire la confiance dans l'Eglise et en Ellen White.

[22] Canright a utilisé le modèle dit « mécanique » ou « de dictée » qui présente le Dieu intemporel dictant littéralement mot par mot à ses agents humains sans les rencontrer à leur niveau ou dans leur réalité. Ce modèle propose l'infaillibilité des écrits et exclut toute révision, aide éditoriale, emprunt de matériel à d'autres auteurs, etc.

[23] Frank Hasel, « Degrees of Inspiration », in Denis Fortin, Jerry Moon (éd.), *The Ellen G. White Encyclopedia*, p. 895-897.

[24] Le même Esprit saint, qui a inspiré les écrivains bibliques, a inspiré Ellen White. Il est impossible de le limiter à travailler avec un seul aspect de l'être humain. Par conséquent, quand il prend le contrôle du messager de Dieu, il utilise sa personnalité, son esprit, ses pensées et tout son être. Ainsi,

dictée comme le proposait Canright. Ellen White a fortement soutenu le modèle de la personne entière. Alors qu'elle était en Europe en 1886, elle a écrit :

> « Ce ne sont pas les paroles de la Bible qui sont inspirées, mais les hommes qui ont été inspirés. L'inspiration n'agit pas sur les paroles ou les expressions de l'homme, mais sur l'homme lui-même qui, sous l'influence du Saint-Esprit, est imbu de pensées. Mais les mots et les pensées reçoivent l'empreinte de l'esprit individuel. L'esprit divin est diffusé. L'esprit et la volonté de Dieu sont combinés avec l'esprit et la volonté de l'homme ; ainsi les énonciations de l'homme sont la Parole de Dieu[25]. »

Pendant cette période, l'Eglise accepta pleinement le don prophétique d'Ellen White. Cela a aidé les croyants à « mettre la doctrine des dons spirituels dans une perspective équilibrée au sein de leur théologie globale[26] » sans aboutir à une notion de ce don comme étant la source des doctrines. En même temps, ils commencèrent à voir et à apprécier sa signification eschatologique[27].

Implications missiologiques

En plus de sa contribution théologique à l'Eglise et de son soutien, Ellen White était en première ligne en ce qui concerne la vie saine, l'éducation, le foyer et la famille, la jeunesse et l'édition. Tous les aspects mentionnés avaient des implications missiologiques.

Son influence puissante et sa contribution au ministère de la santé depuis le milieu du XIXe siècle demeurent pertinentes pour bien des personnes du monde entier encore aujourd'hui. Selon l'éclairage qui lui a été donné, la réforme sanitaire dans son vrai sens est beaucoup plus profonde et plus large que le simple fait d'être des individus en bonne santé, dont le seul souci est leur propre bien-être. La réforme sanitaire touche à tous les aspects de l'être humain : spirituel, mental et physique. Il est intéressant de noter que sa contribution à la santé et à un mode de vie sain a été très en avance sur son temps. De plus, « ses messages et ses conseils sur la santé ont passé l'examen minutieux de la science moderne et ont été jugés scientifiquement acceptables[28] ».

Quand les pionniers adventistes ont compris la valeur du message holistique sur la santé, ils l'ont adopté avec ses trois principes clés : humanitaire, évangélique

---

la personne entière devient sous le contrôle de l'Esprit saint. En même temps, ce messager n'est pas transformé dans un état sans péché ; il/elle reste un être humain pécheur utilisé par Dieu.

[25] Ellen White, *Manuscript 24*, 1886. Ce manuscript est publié intégralement dans *Selected Messages*, vol. 1, p. 19-21 (*Messages choisis*, vol 1, p. 21-24).

[26] Theodore Levterov, *Accepting Ellen White: Early Seventh-day Adventists and the Gift of Prophecy Dilemma*, Nampa, Pacific Press, 2016, p. 89.

[27] *Ibid.*

[28] Victor Figueroa, « The Value of Ellen White's Ministry for the Work of the Church », in Anna Galeniece (éd.), *The Bible, the Spirit of Prophecy and the Church*, p. 137.

et salvifique[29]. Ils ont aussi commencé à le pratiquer comme une ressource qui préparerait le sol pour la plantation du message du troisième ange[30]. Ainsi, la vie saine et la promotion de la santé sont devenues l'une des diverses implications missiologiques qui peuvent être contextuellement appliquées n'importe où et n'importe quand.

En plus du message sur la santé, Ellen White a commencé à contribuer à l'éducation chrétienne en publiant en 1872 un témoignage sur « l'éducation appropriée[31] ». Pour elle, « la véritable éducation est la préparation des forces physiques, mentales et morales pour l'accomplissement de chaque tâche ; c'est l'entraînement du corps, de l'esprit et de l'âme pour le service divin. C'est l'éducation qui durera jusqu'à la vie éternelle[32] ». Ses écrits futurs sur ce sujet n'allaient pas porter seulement sur la formation des enfants et l'éducation des jeunes, mais aussi sur l'éducation fondatrice dans l'environnement d'une école adventiste, où les élèves sont exposés à tout ce qui est « bon, vertueux, juste, et saint[33] ». En conséquence, elle a présenté trois principes essentiels bibliquement fondés et missiologiquement orientés de la philosophie de l'éducation adventiste : (1) la rédemption - pour apporter le salut aux étudiants[34], (2) la plénitude - pour développer les êtres humains physiquement, mentalement, moralement et spirituellement[35], et (3) la permanence - pour permettre aux gens de prendre conscience que la véritable éducation ne finit jamais[36].

En même temps, la messagère de Dieu a contribué au vaste domaine du foyer et de la famille, en abordant des sujets sur la préparation au mariage, sur les débuts de la vie de famille, sur les devoirs parentaux, sur le ministère de la famille et sur la mission au service des autres, etc. Sa direction ramène les croyants au modèle de la perfection édénique, lorsque Dieu lui-même a institué l'idéal pour les êtres humains –, la première famille. Pour elle, « une famille où règnent l'ordre et la discipline témoigne davantage en faveur de la religion chrétienne que tous les sermons qui peuvent être prononcés. Une telle famille fournit la preuve que les parents ont réussi à se conformer aux directives divines et que leurs enfants sont

---

[29] Herbert Douglass, « Health Reform », in Denis Fortin, Jerry Moon (éd.), *The Ellen G. White Encyclopedia*, p. 858.
[30] Gerard Damsteegt, *Foundations of the Seventh-day Adventist Message and Mission*, Berrien Springs, Andrews University Press, 1977, p. 236-241.
[31] Ellen White, *Fundamentals of Christian Education*, p. 15-49.
[32] Ellen White, *Christ's Object Lessons*, p. 330 (*Les paraboles de Jésus*, p. 286).
[33] Ellen White, *Fundamentals of Christian Education*, p. 15.
[34] *Ibid.*, p. 30.
[35] Ellen White, *Education*, p. 276 (p. 308 pour la version française) ; *Testimonies for the Church*, vol. 5, p. 522.
[36] Ellen White, *Education*, p. 13 (p. 15 pour la version française).

prêts à servir Dieu dans l'Eglise[37] ». Ellen White a développé le thème du mariage et de la famille dans son livre ultérieur, *Le ministère de la guérison* (1905). Il n'est pas étonnant que même après sa mort, les conseils importants de ses premiers articles, témoignages, lettres et manuscrits aient été compilés par le Centre White, générant ainsi deux livres importants : *Le foyer chrétien* (1952) et *Child Guidance* (1954) qui ont de nombreuses implications missiologiques d'une importance vitale.

Une autre contribution significative d'Ellen White s'adressait aux jeunes. Au cours de sa vie, elle a consacré environ 500 articles à une revue mensuelle intitulée *The Youth's Instructor*, que James White a créée en 1852. A partir de 1879, la revue est devenue une publication hebdomadaire. Pendant environ deux ans, de 1872 à 1874, elle a consacré une série de 12 articles à la vie du Christ, avec une attention et une signification particulières pour les jeunes. Plus tard, le thème a été repris dans les années 1880 et 1890[38]. Ellen White ne s'est pas seulement adressée aux jeunes, elle les a aussi appelés au ministère et à la mission. Après le tournant du siècle, elle s'est adressée aux jeunes de l'Eglise avec une déclaration puissante qui inspire encore beaucoup de personnes pour l'œuvre de Dieu : « Avec une armée bien entraînée comme l'est notre jeunesse, bien vite le message d'un Sauveur crucifié, ressuscité et qui revient bientôt, pourrait être porté au monde entier[39] ! »

Ainsi, la vie d'Ellen White elle-même et ses écrits sur les sujets et thèmes susmentionnés ont fortement influencé la mission de l'Eglise. Alors qu'au début du mouvement, les pionniers résistaient à l'idée de répandre la bonne nouvelle, la contribution théologique d'Ellen White à la mission persuada lentement mais sûrement les croyants adventistes[40]. Comme l'écrit Bauer, Ellen White a été « à

---

[37] Ellen White, *The Adventist Home*, p. 32 (*Le foyer chrétien*, p. 32).
[38] « Youth's Instructor », in Denis Fortin, Jerry Moon (éd.), *The Ellen G. White Encyclopedia*, p. 1295.
[39] Ellen White, « The Definite Aim in Service », *General Conference Bulletin*, July 1, 1902.
[40] Dès 1847, Ellen White faisait remarquer que les croyants seraient engagés dans un travail missionnaire au moment de la pluie de l'arrière-saison, alors que l'œuvre du salut se terminerait (*Early Writings*, p. 85-86 ; *Premiers écrits*, p. 85-86). La même année, elle affirmait que « Dieu avait encore des adeptes dans les Eglises de Babylone déchue » (Gerard Damsteegt, *Foundations of the Seventh-day Adventist Message and Mission*, p. 152). Malheureusement, les autres croyants n'étaient pas en pleine harmonie avec la compréhension qu'Ellen White développait de la mission et, par conséquent, étaient réticents à la suivre. Damsteegt synthétise leur position au travers des quatre points suivants : (1) Une limitation de la miséricorde de Dieu pour les autres chrétiens, basée sur la compréhension de la porte fermée de Matthieu 25.10 ; (2) L'absence d'une nouvelle théologie de la mission qui attirerait l'attention des non-Adventistes ; (3) L'incompatibilité de l'imminence du retour du Christ avec une mission future ; (4) Un grand préjudice des non-Adventistes envers l'adventisme (*ibid.*, p. 158). Tout en se rétablissant encore après la Grande Déception, les sabbatariens étaient occupés à découvrir leur propre identité et leur propre théologie au travers d'études bibliques profondes et en développant une base de membres. En même temps, les visions

l'avant-garde dans l'élaboration et le changement de la vision adventiste de la mission[41] ». Cela a commencé avec sa vision de 1848, lorsqu'elle a vu que le ministère de l'édition allait faire le tour du monde[42]. Ayant un état d'esprit missiologique, Ellen White a beaucoup écrit « sur la création et le fonctionnement[43] » des maisons d'édition confessionnelles, des librairies, le travail de diffusion de la littérature par les colporteurs, les membres des Eglises et les institutions ecclésiales[44]. Ces moyens et ces outils significatifs de la mission « sont de se tenir devant le monde comme une incarnation des principes chrétiens[45] » afin de « préparer un peuple à rencontrer Dieu[46] ».

En plus de son soutien au travail d'édition de l'Eglise pour promouvoir la diffusion de l'Evangile dans le monde, ses nombreux voyages missionnaires et, plus tard, deux voyages de longue durée à l'étranger[47] ont généré de nouvelles perspectives et attitudes positives chez les autres croyants. Son soutien prudent à Michael Czechowski, qui se rendit sur le champ missionnaire européen sans la bénédiction de l'Eglise en 1864, lui valut de gros dividendes[48]. Après avoir reçu une vision sur la nécessité d'une mission étrangère en 1871[49], Ellen White lança un appel pressant aux jeunes pour qu'ils apprennent d'autres langues afin de répandre l'Evangile en terre étrangère. En conséquence, elle a soutenu de tout cœur John Andrews[50], le premier missionnaire officiel en Europe à faire avancer

---

de Dieu à Ellen White et ses messages aux croyants ont continuellement influencé leur théologie, y compris les implications de la conception de la porte fermée et l'attitude missionnaire qui allait émerger lentement.

[41] Bruce Bauer, « Mission », in Denis Fortin, Jerry Moon (éd.), *The Ellen G. White Encyclopedia*, p. 994.
[42] Ellen White, *Colporteur Ministry*, p. 1 ; *Life Sketches of Ellen White*, p. 125.
[43] Mario Martinelli, « Publishing Work », in Denis Fortin, Jerry Moon (éd.), *The Ellen G. White Encyclopedia*, p. 1068.
[44] Ellen White, *The Publishing Ministry*, p. 57-124.
[45] Ellen White, *Testimonies for the Church*, vol. 7, p. 142.
[46] *Ibid.*, 139.
[47] Ellen White a passé deux ans en Europe (1885-1887) et neuf années en Australie (1891-1900).
[48] Ellen White eut une vision à propos de Czechowski en 1861. Dans une lettre, elle l'a mis en garde contre le découragement en raison d'un manque de soutien. En même temps, elle a félicité son bon zèle d'être consciencieux et parfaitement honnête devant Dieu. Cf. Ellen White, "Czechowski, Brother", 1861, Lettre 31, 1861. Michael Czechowski est parti en Europe avec sa femme et Anne Butler. Le Seigneur les a aidés à établir la première congrégation adventiste à Tramelan, en Suisse, avec environ 60 membres en 1867. Il a également partagé le message en Italie, en Suisse et en Roumanie. Toutefois, en raison de contraintes financières et d'autres difficultés, Czechowski est décédé à Vienne à l'âge de 58 ans. Aujourd'hui, il est connu pour son obstination à partager la vérité biblique à l'étranger. Beaucoup le considèrent comme le père de l'Eglise adventiste du septième jour en Europe, ainsi que le père des missions adventistes.
[49] Ellen White, *Christian Experience and Teaching of Ellen White*, p. 210-215.
[50] John Andrews (1829-1883) a été pasteur, écrivain, rédacteur en chef, universitaire et missionnaire. Il a passé près de neuf ans de la dernière partie de sa vie dans le champ missionnaire européen où il est mort et a été enterré.

le travail sur le continent et à poser des bases solides pour le travail de publication de l'Eglise.

L'attitude missionnaire décrit toute la vie, le ministère et les écrits de la messagère de Dieu. Il n'est pas étonnant qu'Arthur Daniels, Président de la Conférence générale, réfléchissant sur la vie de la messagère de Dieu après sa mort, ait confirmé à l'Eglise son engagement fort pour la mission mondiale. Ses paroles reflètent vraiment les implications et les applications missiologiques d'Ellen White : « Allez dans le monde entier, donnez au monde entier, travaillez pour le monde entier, c'est l'exhortation qui parcourt tous les écrits de Madame White[51]. »

Une porte-parole expérimentée de Dieu (1888-1915)

L'année 1888 changea la direction théologique de l'Eglise adventiste du septième jour. Les débats très animés de la session de la Conférence générale à Minneapolis ont fini par être une bénédiction, puisque Christ et sa justice ont été valorisés par deux jeunes prédicateurs, A. T. Jones et E. J. Waggoner, et par la porte-parole de Dieu, Ellen White, qui s'est fermement opposée à l'autoritarisme et au légalisme des dirigeants religieux[52]. Pour elle, le message du troisième ange ne concernait pas seulement la proclamation des commandements de Dieu, mais aussi la foi en Jésus-Christ. Mettant fortement l'accent sur la foi, elle a déclaré : « La foi en la capacité du Christ à nous sauver amplement, pleinement et entièrement est la foi de Jésus[53] ».

La session de Minneapolis est devenue « un tournant[54] », y compris pour le ministère d'Ellen White. A ce moment-là, des doctrines bibliques avaient été adoptées, l'Eglise était pleinement établie, la justice de Christ était proclamée, et diverses institutions ecclésiales se développaient dans différentes parties du monde. Le temps était venu de soutenir le Christ élevé. Les nombreuses années d'expériences d'Ellen White l'ont éduquée et ont fait progresser son style d'écriture. Comme l'exprime Douglass, « Ellen White elle-même a reconnu que son jugement et sa perception s'étaient grandement élargis et approfondis au fil des ans[55] ». Elle a clairement compris et proclamé une vérité progressive du début à la fin de son ministère. Elle a souligné qu'« à chaque tournant de

---

[51] Arthur Daniels, « Life Sketch of Sister E. G. White », *Review and Herald*, August 5, 1915, p. 8.
[52] George Butler était le président de la Conférence générale et Uriah Smith occupait les postes de secrétaire de la Conférence générale et d'éditeur de la *Review and Herald*.
[53] Ellen White, *1888 Materials*, p. 217.
[54] George Knight, « General Conference Session of 1888 », in Denis Fortin, Jerry Moon (éd.), *The Ellen G. White Encyclopedia*, p. 838.
[55] Herbert Douglass, « Ellen White as God's Spokesperson », in Merlin Burt (éd.), *Understanding Ellen White*, p. 84.

l'histoire, il y a un nouveau développement de la vérité, un message de Dieu à la génération présente. Les vérités anciennes gardent toute leur importance ; et les vérités nouvelles ne sont pas indépendantes des anciennes, elles n'en sont que le complément. Les vérités nouvelles ne peuvent être comprises qu'à la lumière des anciennes[56] ». Ainsi, la prophétesse expérimentée avançait vers de nouveaux horizons à atteindre.

Par exemple, une évolution a été observée dans sa compréhension du Dieu trinitaire ou du « trio céleste[57] ». Dès 1878, Ellen White a représenté le Christ comme possédant une égalité éternelle avec le Père[58]. En 1888, elle affirme que son expiation exige sa pleine déité[59]. Plus tard, dans les années 1890, elle a pris conscience de la pleine individualité et de la personnalité du Saint-Esprit[60]. Puis, en 1905, elle déclara sans ambiguïté sa foi en trois personnes divines unies en un seul Dieu[61]. Après ses recherches approfondies sur le sujet, Moon conclut explicitement qu'« il y a une nette progression du simple au complexe, ce qui suggère que la compréhension d'Ellen White a grandi et changé à mesure qu'elle recevait de la lumière supplémentaire[62] ».

Il n'est pas étonnant qu'au tournant du siècle, ses écrits soient devenus entièrement centrés sur le Christ. Ses publications, telles que *Steps to Christ* (*Le meilleur chemin*, 1892), *Thoughts from the Mount of Blessing* (*Heureux ceux qui*, 1896), *The Desire of Ages* (*Jésus-Christ*, 1898), *Christ's Object Lessons* (*Les paraboles de Jésus*, 1900), *The Ministry of Healing* (*Le ministère de la guérison*, 1905), *The Acts of the Apostles* (*Les Actes des apôtres*, 1911), et plusieurs autres, révèlent un portrait de Jésus détaillé et complet. Cela a contribué à soutenir non seulement la nature éternelle du Sauveur du monde, mais l'a aussi dépeint comme étant une manifestation auto-existante de « toute la plénitude de la divinité[63] ». Sa doxologie, qui se répète en de nombreux endroits et de diverses manières, contient une déclaration claire

---

[56] Ellen White, *Christ's Object Lessons*, p. 127 (*Les paraboles de Jésus*, p. 104).
[57] Ellen White, *Evangelism*, p. 615 (*Évangéliser*, p. 550-551). Elle décrit également le Dieu trinitaire comme « les trois plus hautes puissances du ciel » (« Dr. J. H. Kellogg », November 18, 1903, Letter 253a, 1903 ; *Evangelism*, p. 617), ou « les dignitaires célestes éternels » (*Manuscript 130*, 1901 ; *Evangelism*, p. 616).
[58] Ellen White, « An Appeal to the Ministers », *Review and Herald*, August 8, 1878.
[59] Ellen White, *The Great Controversy*, p. 524 (*La tragédie des siècles*, p. 572).
[60] Ellen White, « My Brethren in America », February 6, 1896, Letter 8, 1896 ; *Special Testimonies for Ministers and Workers*, p. 25, 37.
[61] Jerry Moon, « The Adventist Trinity Debate, Part 2: The Role of Ellen G. White », *Andrews University Seminary Studies* 41 (2003), p. 290. Voir aussi Woodrow Whidden, Jerry Moon, et John Reeve, *The Trinity: Understanding God's Love, His Plan of Salvation, and Christian Relationships*, Hagerstown, Review and Herald, 2002, p. 198.
[62] *Ibid.*, 284.
[63] Ellen White, *Special Testimonies*, Series B, n° 7, 62, 1905 ; *Evangelism*, p. 614 (*Évangéliser*, p. 549-550).

et nette de qui est Jésus : « Le Christ était Dieu essentiellement, et dans le sens le plus élevé du terme. Il était avec Dieu de toute éternité, Dieu par-dessus tout, béni pour toujours[64]. »

Il est important de mentionner ici qu'Ellen White était beaucoup plus avancée que ses contemporains non seulement dans les questions théologiques et religieuses, mais aussi dans ses écrits sur le style de vie, l'éducation et la science de son temps. Les lecteurs de ses écrits doivent se souvenir de quelques principes herméneutiques simples pour voir et apprécier ses vues progressistes qui s'harmonisent avec la vérité biblique. Sans eux, bon nombre de ses conseils pourraient être considérés comme non scientifiques et même absurdes. Néanmoins, Moon et Standish révèlent treize déclarations d'Ellen White qui, pour certaines personnes, peuvent directement ou partiellement s'opposer à certaines notions de la science contemporaine. Après avoir passé en revue l'ensemble de ces déclarations, les auteurs en tirent une conclusion percutante :

> « Nous devons toujours nous rappeler que la compréhension de la science change constamment à mesure que de nouvelles découvertes sont faites. Que ce qu'Ellen White a écrit soit confirmé par les preuves scientifiques actuelles peut changer avec le temps. Au fil des ans, la compréhension scientifique a radicalement changé et affirme souvent "ce qu'il y a de mieux", comme Dieu le lui a révélé. Même dans les cas où une explication donnée peut sembler rétrospectivement datée, les instructions sont valables et les lecteurs qui les suivent correctement en bénéficient[65]. »

Ainsi, malgré les diverses personnes critiques et sceptiques de son époque et ceux qui douteront dans les générations à venir, la vie, le ministère et les écrits d'Ellen White ont redirigé l'attention des gens vers Dieu et sa Parole. L'héritage de sa vie et sa contribution prophétique à l'Eglise ont permis aux Adventistes d'avancer de manière globale : dans la stabilité théologique, la croissance numérique dans le monde entier, la mission auprès des personnes non atteintes, les soins de santé de pointe dans les établissements de santé, une éducation de qualité à tous les niveaux, la pastorale familiale et des jeunes, les publications, le soutien dans la qualité de vie en général tout en préparant tout un chacun à rencontrer Jésus-Christ.

Les défis contemporains

Alors que l'Eglise adventiste du septième jour connaît une croissance rapide, les sociétés contemporaines du monde sont devenues plus diverses que jamais

---

[64] Ellen White, « The Word Made Flesh », *Review and Herald*, April 05, 1906, p. 227 ; *Selected Messages*, vol. 1, p. 247 (*Messages choisis*, vol. 1, p. 290-291).
[65] Jerry Moon, Tim Standish, « Ellen White and Science », in Merlin Burt (éd.), *Understanding Ellen White*, p. 192-193. Pour plus d'informations, voir l'ensemble du chapitre, p. 180-198.

auparavant. Les écarts éducatifs, économiques et générationnels, les avantages et les défis de l'Internet et des médias sociaux, comme tant d'autres moyens d'échanger, pénètrent tous les niveaux des groupes de personnes à travers le monde. L'Eglise ne fonctionne pas sans tenir compte des avantages et des inconvénients technologiques et culturels du monde environnant, dont beaucoup affectent inévitablement et négativement la croissance et la spiritualité de l'Eglise. Par exemple, la croyance fondamentale sur « Le don de prophétie » est vue, interprétée et acceptée différemment par divers groupes, sans que l'on en réalise toute la profondeur, les avantages et l'intemporalité. Les gens d'aujourd'hui, même dans les cultures occidentales, peuvent être prêts à s'engager dans une expérience religieuse qu'ils peuvent ressentir et à laquelle ils peuvent s'identifier, mais ils ne savent pas comment. Ils cherchent à rencontrer Dieu ou une sorte de « puissance supérieure » à un niveau personnel et expérientiel et s'attendent à ce qu'elle soit satisfaisante sur le plan émotionnel.

Par conséquent, quelqu'un peut dire que ce dont l'Eglise a besoin aujourd'hui pour évangéliser les contemporains, c'est de comprendre la génération postmoderne, la génération millenium ou l'iGénération avec leurs visions du monde, et ensuite de les aborder en conséquence. Cependant, cette réponse ne révèle qu'une vérité partielle, car il y a un choc des générations en tout lieu. En plus des jeunes adultes et des jeunes, il y a des enfants, une classe ouvrière d'âge moyen, une population en préretraite, des jeunes retraités et des personnes âgées. Chaque groupe a été fortement affecté par les progrès technologiques qui entraînent un changement dans la mentalité humaine, dans la lisibilité et la concentration, dans l'acceptabilité de la religion et de tout ce qui s'y rapporte. De plus, l'individualisme est devenu non seulement un phénomène du monde occidental, mais il peut aussi être observé dans les milieux urbains des sociétés traditionnelles du monde entier. Plus encore, l'individualisme chrétien est devenu une attitude de ceux qui, extérieurement, prétendent être chrétiens, mais qui, en réalité, choisissent de rester à l'écart de toute Eglise organisée ou détachés de toute autorité religieuse. En même temps, ces personnes peuvent être fortement impliquées avec d'autres dans des conversations religieuses par le biais des médias sociaux. La question qu'il faut se poser est la suivante : les écrits d'Ellen White peuvent-ils devenir une ressource pour quelque chose de pieux, qui change la vie, qui inspire, qui réponde aux besoins et qui soit salvifique pour cette génération contemporaine très exigeante ?

La voix du Dieu contemporain aux générations contemporaines

En dépit d'un certain nombre de défis et d'opportunités que les contemporains traversent, il y a une bonne nouvelle, à savoir que Dieu parle encore à son peuple. Son plan et son désir de les sauver avec sa vérité immuable n'ont pas changé, tandis que ses méthodes pour atteindre les générations actuelles ont évolué. Il a toujours atteint les gens là où ils sont, à leur niveau de compréhension et d'acceptation. Pour cela, le Seigneur a utilisé ses messagers ou « les gardiens de la théocratie et de la morale fidèle de Dieu, les serviteurs de son alliance et les véritables interprètes du passé, du présent et de l'avenir[66] ». Le but et la fonction des prophètes de Dieu ont été de guider son peuple et de le garder fidèle malgré ses différences culturelles et sa vision du monde (Pr 29.18 ; Ep 4.13, 14). C'était vrai pour les prophètes bibliques et pour Ellen White parce que le même auteur les a tous inspirés et utilisés (2P 1.21)[67].

Bien qu'Ellen White ait vécu en Amérique au XIXe siècle, elle a écrit pour toutes les personnes de son temps comme des temps à venir. Elle était confiante dans le fait que « ses écrits parleront constamment, et que leur travail se poursuivra aussi longtemps que le temps le permettra[68] », car ils attirent l'attention des lecteurs sur Jésus et élèvent sa Parole. La Bible était nécessaire pour les gens de son temps, et elle l'est encore plus pour les générations contemporaines, car toutes les cultures, y compris les postmodernes, seront jugées selon la vérité biblique. L'affirmation selon laquelle ses histoires ont été éclipsées par les alternatives actuelles ne doit pas décourager les élus de Dieu de proclamer le « grand récit » de Jésus-Christ fondé sur la Bible et soutenu par l'esprit de prophétie. Nul ne devrait accepter aveuglément et sans esprit critique le pluralisme et le relativisme de la postmodernité sans porter un jugement approprié sur chacune de ces affirmations[69]. Malheureusement, beaucoup d'Adventistes tombent dans ces pièges car ils ne valorisent pas les écrits d'Ellen White et ne les lisent pas. Dieu leur permet de faire l'expérience de la liberté de choix, même si cela blesse son cœur quand ses fils et ses filles laissent de côté son précieux don. Mais ceux qui apprécient les instructions de Dieu et s'instruisent dans la richesse de ses conseils en bénéficieront non seulement pour leur vie future avec Lui, mais aussi pour la vie actuelle, ici et maintenant[70].

Par exemple, Ellen White fournit des réponses à ceux qui cherchent vraiment un sens et un but à leur vie, surtout lorsque le lecteur lit ses écrits à travers le prisme de la grande controverse. Elle révèle non seulement « l'histoire du grand conflit entre le bien et le mal, depuis ses débuts au ciel jusqu'au renversement

---

[66] Jiri Moskala, « The Prophetic Voice in the Old Testament: An Overview », in Alberto Timm, Dwain Esmond (éd.), *The Gift of Prophecy in Scripture and History*, p. 41.
[67] Voir Merlin Burt, « Revelation and Inspiration: Ellen White's Understanding », in Merlin Burt (éd.), *Understanding Ellen White*, p. 30-44 ; Victor Figueroa, « The Revelation and Inspiration of God in the Writings of Ellen G. White », in Merlin Burt (éd.), *Understanding Ellen White*, p. 74-86.
[68] Ellen White, « Wilcox, F. M. », Letter 371, October 23, 1907.
[69] Reinder Bruinsma, « Modern Versus Postmodern Adventism: The Ultimate Divide? », *Ministry*, June 2005, p. 16-21.
[70] Ellen White, *Selected Messages*, vol. 1, p. 41-42 (*Messages choisis*, vol. 1, p. 46-47).

final de la rébellion et l'éradication totale du péché », mais elle démontre aussi « l'amour infini de Dieu[71] » pour son enfant terrestre. Pour Ellen White, le thème du grand conflit était bien plus qu'une simple théorie. Il dévoile les coulisses des défis quotidiens, des traitements injustes de la part des autres, et même de la maladie et de la mort. La plus longue bataille culmine dans la victoire de Jésus-Christ dans la vie de tous ceux qui lui font confiance et le suivent.

La pertinence et les implications de ses écrits dans un contexte contemporain, que ce soit aux niveaux culturel, éthique ou théologique, sont difficiles à surestimer[72]. Le but le plus important de ses messages est de faire passer le peuple de Dieu de la lecture à l'application, de l'interprétation à la contextualisation, de la réaffirmation au rétablissement de la vérité biblique multiple. En d'autres termes, il est d'une importance vitale d'identifier des moyens spécifiques, nouveaux et conviviaux, par lesquels les générations contemporaines peuvent entendre la voix du Dieu qui ne change jamais et qui reste pourtant actuel, à travers les pages de la Bible et les écrits d'Ellen White, et répondre positivement à son amour. Dwight Nelson, parlant des moyens contextualisés pour atteindre les postmodernes, présente trois approches par lesquelles le message de Dieu peut les atteindre : (1) l'étreinte métanarrative qui est une histoire qui explique le passé, définit le présent et suggère l'avenir ; (2) le désir métaphysique qui traite d'une réalité spirituelle au-delà des sens humains ou des choses religieuses, et (3) les méthodes de communication de technologie de pointe[73].

En accord avec Dwight Nelson, Michael Campbell propose une liste de points cruciaux dans le but d'atteindre les jeunes d'aujourd'hui avec les ressources écrites d'Ellen White[74]. Bien que les deux auteurs s'adressent principalement aux nouvelles générations, des approches contextualisées similaires peuvent également s'appliquer à d'autres groupes d'âge. Par conséquent, les idées suivantes devraient être sérieusement prises en considération pour atteindre toutes les générations des sociétés contemporaines avec la vérité immuable :

1. Un accent sur les narrations, notamment sur l'aspect humain de la vie et du ministère prophétique d'Ellen White et sur les pionniers adventistes, afin que

---

[71] Ellen White, *Patriarchs and Prophets*, p. 33 (*Patriarches et prophètes*, p. 9).
[72] Cf. Chantal Klingbeil, « Why Should I Read Ellen White? », in Merlin Burt (éd.), *Understanding Ellen White*, p. 243-253.
[73] Dwight Nelson, « Making Ellen White Relevant to Third Millennials », in Alberto Timm, Dwain Esmond (éd.), *The Gift of Prophecy in Scripture and History*, p. 369.
[74] Michael Campbell, « A Fresh Approach to Ellen G. White for Postmoderns and Millennials », conférence présentée le 13 décembre 2014 lors de la rencontre de l'Adventist Theological Society (www.adventisthistory.org/wp-content/uploads/2014/12/A-Fresh-Approach-to-EGW-for-Millennials.pdf).

les gens puissent s'identifier à elle et à ses écrits, et apprécier l'héritage de l'Eglise.

2. Une lecture et une interprétation appropriées des principes communiqués dans les œuvres d'Ellen White afin que leur application soit comprise et contextualisée.

3. La création de nouvelles ressources électroniques attrayantes et actualisées pour tous les âges afin que les différentes générations contemporaines puissent les utiliser librement dans leurs langues locales, sans laisser de côté une variété de copies papier des livres d'Ellen White.

4. Une présence interactive sur les médias sociaux pour que le matériel d'Ellen White devienne un outil de changement de vie dans la marche spirituelle des gens avec Jésus.

5. De nouvelles explorations des thèmes théologiques bibliques pour qu'ils deviennent essentiels, pratiques et transformateurs de vie.

6. Un réexamen des principes de santé et de style de vie afin qu'ils deviennent missiologiques dans leur nature et leur but.

7. La reconsidération des valeurs de l'éducation adventiste holistique pour tous les âges afin qu'elles deviennent significatives dans la réalité eschatologique de la vie.

Il est évident que tous les efforts doivent être faits pour enraciner les Adventistes d'aujourd'hui dans le message et les écrits évangéliques immuables d'Ellen White, que ce soit à travers la variété des ressources électroniques, les pages imprimées ou tout autre canal ou moyen. L'Eglise contemporaine ne peut être satisfaite ou même exister sans principes doctrinaux bibliques solides, sans vision missiologique claire, sans message global de réforme de la santé et sans conseils éducatifs pour les enfants, les jeunes, les jeunes adultes, les personnes d'âge moyen, les préretraités et les retraités. La voix contemporaine du Dieu éternel et immuable doit s'adresser aux générations contemporaines d'une manière claire et évidente. Ce n'est qu'alors que l'Eglise adventiste pourra proclamer le message des trois anges et préparer les gens à rencontrer leur Seigneur (Ap 14.6-12).

Observations finales

La pertinence et les implications de la vie, du ministère et des écrits d'Ellen White sont l'un de ces sujets qui ont une signification et une application directes dans la vie de chacun aujourd'hui, ici et maintenant. La façon dont ses écrits sont acceptés se reflétera dans ce que les personnes croient au sujet du

Seigneur et de son prochain retour. De plus, cela aura une incidence directe sur la façon dont elles vivent leur vie, et surtout sur la façon dont elles partagent l'Evangile avec les autres.

En dépit d'une variété de malentendus, d'interprétations déformées et de critiques contre Ellen White, ses écrits sont donnés au peuple de Dieu parce qu'il désire les faire accéder à sa Parole pour un but principal : pour que Dieu puisse faire entrer sa Parole en eux. La vérité biblique changera leur vie, leur pensée, leurs décisions, leurs perspectives et leur comportement à l'image du Christ. De plus en plus, à mesure qu'ils grandiront en Jésus-Christ, ils seront mis au défi de partager avec les autres ce qu'ils ont appris des Ecritures et des écrits d'Ellen White.

servir
revue adventiste de théologie

Numéro 3 (Automne 2018)

Editorial
Une foi en mouvement — p. 3-4
Gabriel Monet

70 ans sont passés, et depuis... La Déclaration universelle des droits de l'homme et son article 18 — p. 5-16
John Graz

L'« idée » de reste dans le livre de Daniel — p. 17-35
Edwin Sully Payet

Dire sans dire pour contredire. Des paroles paradoxales de Paul dans la deuxième épître aux Corinthiens — p. 37-52
Xavier Georges Rousset

Dossier spécial
Le don de prophétie dans l'Ecriture et dans l'Histoire — p. 53-54
& Déclaration de consensus, Colloque - Collonges 2018

Le don de prophétie dans les lettres de Paul — p. 55-65
Richard Lehmann

Comprendre la révélation et l'inspiration. Une perspective adventiste — p. 67-82
Alberto Timm

Comment interpréter les écrits d'Ellen White — p. 83-93
Sergio Becerra

Ellen White, d'hier à aujourd'hui — p. 95-111
Anna Galeniece